Week 07

	Contents	Page	Date	Check

Day 01 기출 패러프레이징 ❷ Part 3, 4

1 book
● ~을 예약하다

- make a reservation, reserve 예약하다
- schedule 일정을 잡다

M: I'd like to **reserve** two tickets for tonight's city bus tour which departs at 7 PM from the main square.

중앙 광장에서 오후 7시에 출발하는 오늘 밤 시내버스 투어 표 두 장을 예약하고 싶습니다.

Q. 무엇을 하고자 하는가?
→ **Book a tour**

2 missing
● 행방을 모르는

- misplaced, lost 없어진
- doesn't include 포함되어 있지 않다
- haven't received 받지 못했다
- can't find[locate] 어디 있는지 모르겠다

W: When we converted the client files to digital versions last week, the most recent entries seem to have been **lost**.

지난주에 고객 기록을 디지털 버전으로 변환했을 때, 가장 최근에 입력한 항목들이 없어진 것 같습니다.

Q. 무엇에 대해 얘기하는가?
→ **Missing information**

3 straightforward
● 간단한, 쉬운

- not complicated 복잡하지 않은
- simple 간단한
- easy to follow 따라하기 쉬운

M: His pasta sauce recipe is quite **straightforward**. Just follow the steps, and you'll have a delicious sauce in no time.

그의 파스타 소스 레시피는 아주 간단합니다. 순서대로 따라가기만 하면 금방 맛있는 소스가 나옵니다.

Q. 레시피에 대해 뭐라고 하는가?
→ It is **easy to follow**.

⁴ consumer

- customer 고객

● 소비자

W: The biggest trend has been about reducing sugar content. According to a recent **customer** survey, more people want healthier products, but the same great taste.

가장 큰 트렌드는 설탕 함량을 줄이는 것이었습니다. 최근 소비자 조사에 따르면, 더 많은 사람들이 더 건강한, 그러나 똑같이 좋은 맛의 제품을 원합니다.

Q. 무엇에 대해 얘기하고 있는가?
➜ A change in **consumer** preferences

⁵ vendor

- seller 판매자
- supplier, provider 공급업자

● 판매자

M: The **vendor** that we usually order fresh eggs from has increased their prices. We should consider finding another one.

우리가 신선한 계란을 주로 주문하는 판매자가 가격을 올렸습니다. 다른 곳을 찾는 걸 고려해 봐야겠어요.

Q. 무엇을 제안하는가?
➜ Hiring a new **supplier**

⁶ replace

- substitute ~로 대체하다

● ~을 대체하다

W: Tonight's chef special is salmon steak, but unfortunately, we've run out of salmon, so we're **substituting** bass for the fish-of-the-day.

오늘 밤의 셰프 특선은 연어 스테이크입니다만, 아쉽게도 연어가 다 떨어져서 오늘의 생선을 배스로 대체하고 있습니다.

Q. 무엇을 발표하는가?
➜ A food item has been **replaced**.

만점 TIP

- 관련 기출
  substitute A for B B를 A로 대체하다, B 대신 A를 사용하다

7 update

- add A to B A를 B에 추가하다

● ~을 최신 버전으로 바꾸다

M: I'll **add** the new project deadline **to** the calendar to ensure that we stay on track.

새로운 프로젝트 마감일을 달력에 추가해서 저희가 순조롭게 진행할 수 있도록 하겠습니다.

Q. 무엇을 하겠다고 하는가?
➜ **Update** a calendar

8 donate

- all proceeds will go toward
  모든 수익금은 ~로 갈 것입니다
- contribute
  기부하다, 기증하다
- financial support
  재정적 지원

● ~을 기부하다

W: **All the proceeds** from the fundraiser **will go toward** Sunshine Children's Hospital.

모금 행사의 모든 수익금은 썬샤인 어린이 병원으로 가게 될 것입니다.

Q. 수익금은 어떻게 될 것인가?
➜ They will be **donated** to a hospital.

9 distribute

- hand out, give out
  나눠주다

● ~을 배부하다, 나눠주다

M: I'm organizing a charity concert at the park, and we're looking for volunteers to help **give out** flyers. Would you be interested in joining us?

공원에서 자선 콘서트를 준비하고 있는데, 전단지를 나눠줄 자원봉사자를 찾고 있습니다. 함께 하실 생각이 있으신가요?

Q. 지원자들은 무엇을 하는가?
➜ **Distribute** promotional materials

만점 TIP

- 상위어 Paraphrasing
  brochure, pamphlet, booklet, flyer, leaflet
  → promotional materials (홍보물)
  books, magazine, newspaper → reading materials (읽을 거리)

10 discount

- reduced rate 할인가
- 50 percent off 50% 할인
- save 50% 50%를 아끼다

● 할인

W: I saw online that you're running a special deal for new members: **30 percent off** the first month's subscription. Can I sign up for that?

온라인에서 보니까 신규 가입자를 위해 첫 달 구독료를 30% 할인해 주는 특가 상품을 제공 중이시네요. 가입할 수 있을까요?

Q. 무엇에 대해 문의하는가?
→ A subscription **discount**

11 locate

- find 찾아내다

● ~의 위치를 찾아내다

M: Have you heard about this new app called EasyPark? It helps you **find** parking spaces more easily.

이지파크라는 이 새로운 앱에 대해 들어본 적이 있나요? 이 앱은 주차 공간의 위치를 더 쉽게 찾을 수 있도록 도와줍니다.

Q. 앱이 무엇을 하는 데 도움이 되는가?
→ **Locate** available parking spaces

12 initiative

- plan 계획

● 계획

W: Next month, we're launching a new **initiative** within our company. It focuses on implementing environmentally friendly practices across all our operations.

다음 달에 회사 내에서 새로운 계획을 시작합니다. 그것은 전 운영에 걸쳐 환경 친화적인 관행을 실시하는 데 중점을 두고 있습니다.

Q. 다음 달에 무엇이 시작되는가?
→ An eco-friendly **plan**

13 manufacturing facility

- factory, plant 공장

● 제조 시설

M: I'm going to their **manufacturing facility** this afternoon to inspect the quality control processes and address any production issues.

오늘 오후에 제조 시설에 가서 품질 관리 과정을 검사하고 생산 관련 문제를 처리할 것입니다.

Q: 오후에 무엇을 할 것인가?
→ Visit a **factory**

14 fill out

- complete 작성하다

● ~을 작성하다

W: I'll e-mail the link to the online registration form. If you'd like to sign up for our membership, please **fill out** the form by the end of this week.

온라인 등록 양식 링크를 이메일로 보내드리겠습니다. 회원 가입을 원하시면 이번 주 말까지 양식을 작성해주세요.

Q. 등록하려면 어떻게 하는가?
→ **Complete** a form

15 feedback

- opinion, thoughts 의견, 생각
- suggestion 제안
- what you think 어떻게 생각하는지
- input 조언

● 피드백, 의견

M: Please share your **opinions** with us so we can improve the design for the cover page.

표지 디자인을 개선할 수 있도록 의견을 공유해 주시기 바랍니다.

Q. 무엇을 요청하는가?
→ Some **feedback**

16 **authorize**

- approve, give approval
  승인하다

● ~을 승인하다

W: As supervisor, I'll **approve** your travel expense claims once you submit the necessary documentation and receipts.

관리자로서, 필요한 서류와 영수증을 제출하시면 출장 경비 청구를 승인해드리겠습니다.

Q. 무엇을 해주겠다고 하는가?
→ **Authorize** some reimbursements

17 **manager**

- supervisor
  관리자, 감독관, 상사

● 매니저, 관리자

M: Let me call my **manager**. She'll have to authorize the transaction so I can process the refund.

저희 매니저님께 전화해볼게요. 제가 환불을 진행해 드릴 수 있으려면 매니저님께서 처리를 승인해주셔야 해요.

Q. 무엇을 할 것인가?
→ Call a **supervisor**

18 **government official**

- mayor 시장
- city council member
  시의회 의원

● 정부 관리

W: We plan to collaborate with the **mayor** and **city council** to increase the number of bicycle lanes throughout the city streets.

도시 거리 곳곳에 자전거 전용도로 수를 늘리기 위해 시장 및 시의회와 협력할 계획입니다.

Q. 누구와 협력할 것인가?
→ **Government officials**

19 workshop

● 워크숍, 교육

* training session 교육, 연수

M: Thanks for attending this food safety **workshop**. Today, you'll learn how to handle food safely and prevent potential hazards.

식품 안전 워크숍에 참석해 주셔서 감사합니다. 오늘은 음식을 안전하게 다루는 방법과 잠재적인 위험을 방지하는 방법을 배울 것입니다.

Q. 무엇이 열리고 있는가?
➜ A **training session**

20 popular

● 인기 있는

* hit, success 성공
* many people signed up 많은 사람들이 신청했다
* well received 호평을 받은

W: The workshop on health and wellness was a huge **hit; a lot of people signed up,** and it was very **well received** by the employees.

건강에 대한 그 워크숍은 큰 성공을 거두었습니다. 많은 사람들이 신청했고, 직원들에게 호평을 받았습니다.

Q. 워크숍에 대해 뭐라고 하는가?
➜ It was very **popular**.

21 review

● ~을 검토하다

* look over 검토하다
* take a look at 한번 보다

M: Why don't you **look over** the results of the survey we distributed to customers last week?

지난주에 우리가 고객들에게 배포한 설문조사 결과를 검토해 보시는 것이 어떨까요?

Q. 무엇을 제안하는가?
➜ **Review** some survey results

22 **directions to**

- how to get to ~로 가는 길

● **~로 가는 길안내**

W: The Highbright Building is less than a 10-minute walk from here. Let me show you **how to get there.**

하이브라이트 빌딩은 여기서 걸어서 10분도 안 걸립니다. 제가 가는 길을 알려드리겠습니다.

Q. 무엇을 해주겠다고 하는가?
→ Provide **directions**

23 **work overtime**

- work extra hours
  잔업을 하다
- stay late at work
  늦게까지 일하다

● **초과 근무를 하다**

M: Management appreciates that your team **stayed late at work** last week. You all did a great job to complete the rush order.

경영진은 지난주에 귀하의 팀이 야근한 것에 대해 감사하고 있습니다. 다들 급한 주문 건을 완료하느라 수고 많으셨습니다.

Q. 무엇에 대해 감사하는가?
→ **Working overtime**

24 **socialize with**

- interact with
  상호작용을 하다, 교류하다

● **~와 교류하다, 사귀다**

W: Why don't you sign up for the company sports day? It's a good way to **interact with** coworkers outside of work.

회사 운동회에 등록해 보는 건 어때요? 직장 밖에서 동료들과 교류하는 좋은 방법이에요.

Q. 왜 행사에 참가하라고 권하는가?
→ To **socialize with** coworkers

25 competition

- contest 대회, 시합
- race 경주

● 경연 대회, 시합

M: The library will be holding a children's poster **competition** next month, and the city mayor will be the judge.

도서관은 다음 달 어린이 포스터 대회를 열 예정인데, 시장님께서 심사를 맡으실 것입니다.

Q. 다음 달에 무엇이 열릴 것인가?
→ A poster **contest**

26 coupon

- voucher 바우처, 할인권, 쿠폰
- gift certificate 상품권

● 쿠폰, 할인권

W: This flight is overbooked. If you're alright with departing at 10 PM tonight, I can give you a **coupon** for 200 euros off a future flight.

이 항공편은 초과 예약되었습니다. 오늘 밤 10시에 출발해도 괜찮으시다면, 추후 항공편에서 200유로를 할인받을 수 있는 쿠폰을 드릴 수 있습니다.

Q. 무엇을 제시하는가?
→ A discount **voucher**

27 workstation

- desk 책상

● 업무 공간, 작업대

M: Upon request, we can replace your current **desk** with a new one. Simply e-mail the Human Resources department and let them know.

요청하시면 현재 책상을 새 것으로 교체해 드릴 수 있습니다. 인사부에 이메일을 보내 알려주시기만 하면 됩니다.

Q. 무엇을 발표하는가?
→ A **workstation** upgrade

28 dimension

- measurements 치수
- size 크기

● 측정값, 사이즈

W: I can't provide you with a final cost estimate without the exact **dimensions** of each room. Can you please call me back with this information?

각 방의 정확한 사이즈 없이는 최종적인 비용 견적을 드릴 수 없습니다. 해당 정보를 가지고 다시 전화해 주시겠습니까?

Q. 무엇을 요청하는가?
➜ Some room **measurements**

29 expand

- open additional stores
  추가로 매장을 열다

● (사업 등을) 확장하다

M: My goal is to **open additional stores** in the future, hopefully within the next 5 years. I think my business has great potential.

제 목표는 앞으로 5년 안에 추가로 매장들을 여는 것입니다. 저는 제 사업이 큰 잠재력을 가지고 있다고 생각합니다.

Q. 5년 안에 무엇을 하겠다고 하는가?
➜ **Expand** his business

30 examine

- inspect 검사하다

● ~을 자세히 살펴보다

W: In that case, can you **inspect** the welding machine right now? Our in-house technician is off for the day.

그럼 지금 바로 용접기를 검사해주실 수 있나요? 사내 기술자가 오늘 휴무입니다.

Q. 무엇을 해달라고 하는가?
➜ **Examine** some equipment

31 collect

- get 얻다
- gather 모으다

● ~을 수집하다, 모으다

M: I'd like to hold a team meeting to get everyone's thoughts about how things went and what we can improve with our next project.

저는 팀 미팅을 개최하여 어떻게 일이 진행되었는지, 다음 프로젝트에서 개선할 수 있는 것이 무엇인지에 대해 모두의 의견을 얻고자 합니다.

Q. 왜 팀회의를 열고자 하는가?
→ To collect feedback

32 inaccurate

- wrong, incorrect
  틀린, 잘못된

● 부정확한

W: I believe I've been billed incorrectly. I just moved in two days ago, so I wasn't the one using the water in this apartment unit last week.

요금이 잘못 청구된 것 같아요. 저는 이틀 전에 이사를 와서, 지난주까지 이 아파트에서 물을 사용한 사람은 제가 아니에요.

Q. 무엇에 대해 말하는가?
→ An inaccurate charge

33 survey

- questionnaire, poll
  설문조사

● 설문조사

M: I finished analyzing the data from the employee questionnaire. Overall, the results indicate that staff are satisfied with the office's new open layout.

직원 설문조사 자료 분석을 마쳤습니다. 전체적으로 사무실의 새로운 개방 설계에 대한 직원들의 만족도가 높았습니다.

Q. 무엇에 대해 이야기하는가?
→ Survey results

만점 TIP
· 관련 기출
  conduct a survey[poll] 설문조사를 실시하다

34 professional

• expert, specialist 전문가

• 전문가

W: For today's conference, we've invited **experts** from the medical industry to speak about the emergence of artificial intelligence in healthcare.

오늘 컨퍼런스를 위해, 의료계 전문가들을 초청해 의료 분야의 인공지능 출현에 대해 강연해주시도록 하였습니다.

Q. 누가 행사에 초청되었는가?
→ Medical **professionals**

35 abroad

• overseas 해외의, 해외로, 해외에서

• 해외에(서), 해외로

M: During my time **abroad**, I've learned so many new skills and made many new friends. It has been a truly rewarding experience.

해외에 있는 동안 많은 새로운 기술들을 배우고 새로운 친구들을 많이 사귀었습니다. 정말 보람 있는 경험이었습니다.

Q. 무엇이 보람 있었다고 하는가?
→ Spending time **overseas**

36 renowned

• famous, well-known, noted, distinguished 유명한

• have a reputation, be widely known 잘 알려져 있다

• 유명한

W: Daron Goddard is a **renowned** entrepreneur with decades of experience in the tech industry. Why don't we consult with him?

대런 고다드 씨는 기술 산업에서 수십 년의 경험을 보유한 유명한 기업가입니다. 그와 상의해 보는 게 어때요?

Q. 누구에게 상의해보라고 하는가?
→ A **well-known** businessman

37 journalist
- reporter 기자
- my article for the newspaper
  신문에 싣기 위해 쓴 기사

● 언론인

M: My fellow **reporter** and I are from *Bay Area Times*, and we wanted to ask you a few questions about the new city construction initiative.

저와 동료 기자는 <베이 에리어 타임즈> 신문에서 나왔는데요, 신 도시 건설 계획에 대해 몇 가지 질문을 드리고자 합니다.

Q. 남자의 직업은? ➡ **Journalist**

38 business hours
- open at ~, close at ~
  ~시에 개장하고 ~시에 폐점합니다
- hours of operation
  운영[영업] 시간

● 영업 시간

W: Instead of 5 PM, we will now be **closing at 7**, so be sure to make a note of that.

오후 5시 대신, 이제 7시에 문을 닫을 예정이오니, 꼭 메모해두시 기 바랍니다.

Q. 무엇을 할 것인가? ➡ Extend some **business hours**

39 carpool
- drive together, share a car, share rides with
  함께 차를 타다

● 차를 함께 타다

M: I heard you have a similar commute to work. Would you be interested in **carpooling** together?

출퇴근 길이 비슷하시다고 들었어요. 같이 차를 타시겠어요?

Q. 무엇을 제안하는가? ➡ **Drive** to work **together**

40 commemorate
- celebrate 축하하다

● ~을 기념하다

W: I am truly honored to welcome you to this banquet to **celebrate** our 10th anniversary.

저희 창립 10주년을 축하하기 위한 만찬에 여러분을 모시게 되어 진심으로 영광입니다.

Q. 왜 모여 있는가?
➡ To **commemorate** a special day

DAILY QUIZ

🎧 질문을 읽고 음원을 들은 뒤, 정답을 골라보세요.

1 Where do the speakers most likely work?

(A) At a manufacturing facility

(B) At a grocery store

M: Hey Candace, production levels of our hand soaps at our factory have increased a lot this past week, so our supply of dispenser bottles is already getting low. Can you place an order for more bottles?

W: Sure, but which supplier should I contact?

M: Let's go with the provider that we used last time. They were very efficient.

2 Why is the man speaking to the woman?

(A) To reserve a train ticket

(B) To ask for directions

M: Excuse me, do you know how to get to the nearest subway station?

W: I sure do. See that bank over there? If you walk toward the bank and then turn left at the intersection, Seven Seas Station will be about three blocks further down.

3 What does the speaker say the listener will receive?

(A) A restaurant coupon

(B) A movie theater voucher

W: Hello, this is Su-min calling from Franklin Library. I'm happy to notify you that you have been chosen as the winner of our annual book review contest! Congratulations! You can pick up your prize, which is a gift certificate that is valid at any local cinema, if you stop by our library during our hours of operation.

1 **instead**

● 대신(에)

기출 choose **instead** to focus on
대신 ~에 집중하기로 결정하다

will be shown on Friday **instead**
대신 금요일에 상영될 것이다

While Mr. Graves is on annual leave, the weekly work schedules will be created by Ms. Jones -------.

(A) instead   (B) likewise

2 **therefore**

● 그러므로, 따라서

기출 have more functions, **therefore** increasing the cost
더 많은 기능이 있으므로 비용을 증가시키다

The deadline has been moved forward, and **therefore**, we need more staff.
마감일이 앞으로 당겨졌으며, 따라서 우리는 더 많은 직원이 필요하다.

Jeffrey has already exceeded his monthly sales target. -------, he will be awarded a bonus.

(A) Therefore   (B) Otherwise

3 **then**

● 그리고 나서

기출 be first categorized by subject and **then** alphabetized
먼저 주제별로 분류되고 나서 알파벳 순으로 정렬되다

Mr. Peele booked a venue for the fundraising event. He ------- created invitations to be sent to guests.

(A) since   (B) then

4 **currently**

current a. 현재의

● 현재

기출 be **currently** seeking volunteers
현재 자원봉사자들을 구하는 중이다

be **currently** understaffed
현재 인원이 부족하다

We plan to expand our distribution network before the end of this year. -------, we only deliver to customers based within Detroit.

(A) Currently　　　　(B) Significantly

5 **accordingly**

according to prep. ~에 따르면

● 그에 맞춰, (상황에) 따라서

기출 The bonus will be awarded **accordingly**.
보너스가 그에 맞춰 주어질 것이다.

The number of staff will be adjusted **accordingly**.
직원의 수가 상황에 따라서 조정될 것이다.

Once a decision has been made regarding the changing of our restaurant's name, our menus will be changed -------.

(A) accordingly　　　　(B) typically

> 만점 TIP
> 주로 Part 6에서 결과를 나타내는 내용을 이끄는 접속부사로 출제된다.

6 **increasingly**

increasing a. 증가하는
increased a. 증가된
increase v. 증가시키다, 증가하다
　　　 n. 증가

● 점점 더

기출 become **increasingly** concerned about
~에 대해 점점 더 우려하게 되다

offset **increasingly** high energy costs
점점 더 높은 에너지 비용을 상쇄하다

Musician Bill Maddison's songs became ------- popular after being featured in an award-winning television series.

(A) increasingly　　　　(B) equally

7 safely

safe a. 안전한
safety n. 안전

● 안전하게

기출 access one's account **safely**
~의 계좌에 안전하게 접근하다

lose weight **safely** through exercise
운동을 통해 안전하게 체중을 줄이다

All attendees at this year's music festival are
reminded to behave ------- and responsibly.
(A) safely   (B) lively

8 financially

finance v. 재정을 조달하다
financial a. 재정의

● 재정적으로

기출 do well **financially**
재정적으로 잘하고 있다

The lead architect has indicated that adding more
structures to the shopping mall blueprint is not -------
feasible.
(A) promptly   (B) financially

9 already

● 이미, 벌써

기출 have **already** turned in a registration form
이미 등록서를 제출했다

have **already** been installed
벌써 설치되었다

Mr. Shandwick found new ways to increase revenue
at his ------- profitable business.
(A) even   (B) already

10 easily

easy a. 쉬운
ease n. 쉬움

- 쉽게

기출 can **easily** enroll online
온라인으로 쉽게 등록할 수 있다

accommodate tour groups **easily**
여행 단체들을 쉽게 수용하다

Tourists can ------- visit several attractions by joining the city's bus tours.

(A) easily
(B) lately

11 finally

final a. 마지막의, 최종의
finalize v. 마무리 짓다

- 마침내

기출 be **finally** accepted by the management
경영진에 의해 마침내 수락되다

be **finally** able to complete the report
마침내 보고서를 완료할 수 있다

After two months of negotiations, Archer Construction Inc. ------- won the contract to build the new international airport.

(A) finally
(B) totally

12 largely

large a. 커다란, (양이) 많은

- 주로, 대체로

기출 **largely** from one's experiences
주로 ~의 경험에서 온

The postponement of the city's annual film festival was due ------- to the proposed event site failing a safety inspection.

(A) ideally
(B) largely

만점 TIP
주로 be동사와 p.p./형용사 사이, 또는 부사구 앞 자리에서 품사 문제로 출제된다.

13 continually

continuous a. 계속되는

● 계속해서

기출 continually deliver superior service
우수한 서비스를 계속해서 내놓다

In order to maximize production efficiency, the factory manager must ------- motivate the workers on the assembly line.

(A) continually　　　　(B) finely

14 shortly

short a. 짧은
shorten v. 짧게 하다, 단축하다

● 곧

기출 be expected to reopen shortly
곧 다시 문을 열 것으로 예상되다

will be finished shortly
곧 끝날 것이다

The issue with the faulty security cameras will be attended to ------- after we repair the third floor elevator.

(A) nearly　　　　(B) shortly

15 almost

● 거의

기출 after almost 5 years of renovation
거의 5년의 보수공사 이후에

can do almost anything
거의 모든 것을 할 수 있다

Thanks to the addition of our new roller coaster, our ticket sales have ------- tripled compared with last summer.

(A) closely　　　　(B) almost

16 **recently**

recent a. 최근의

● 최근(에)

기출 **recently** became a permanent employee
최근 정규 직원이 되었다

has **recently** been awarded a contract
최근 계약을 따냈다

Vesuvius Software Company has ------- relocated to
the industrial park on the outskirts of town.

(A) recently   (B) fairly

17 **immediately**

immediate a. 즉각적인

● 즉시

기출 in order to activate your membership
immediately
회원권을 즉시 활성화시키기 위해

immediately after the items went on sale
물건들이 할인된 직후에

All factory visitors are required to put on safety
equipment ------- upon arrival.

(A) immediately   (B) periodically

18 **otherwise**

● 다르게, 그렇지 않으면

기출 unless **otherwise** instructed
다르게 지시되어 있지 않다면

Please return the book by September 5.
Otherwise, you'll be charged a late fee.
9월 5일까지 도서를 반납하세요. 그렇지 않으면, 귀하께 연체료가
부과될 것입니다.

Our range of delicious sauces can turn an -------
ordinary meal into a memorable dining experience.

(A) instead   (B) otherwise

만점 TIP

· otherwise는 Part 5에서는 주로 '다르게'라는 뜻으로, Part 6에서는 '그
렇지 않으면'의 뜻인 접속부사로 사용된다.

¹⁹ frequently

- 자주, 빈번하게

  기출 **frequently** hold the meeting
  자주 회의를 개최하다

  be updated **frequently**
  빈번하게 업데이트되다

  All shelves at Greenway Supermarket are restocked
  ------- to ensure that customers can always find the
  items they need.

  (A) frequently   (B) previously

²⁰ usually

usual a. 보통의, 일상의

- 보통, 대개

  기출 **usually** arrive at the office at 10 AM
  보통 오전 10시에 사무실에 도착하다

  be **usually** delayed
  대개 지연되다

  Game schedules and results are ------- posted on the
  baseball team's Web site.

  (A) usually   (B) slightly

²¹ ahead

- 미리, 앞에

  기출 plan **ahead**
  미리 계획하다

  be advised to call **ahead**
  미리 전화하는 것을 권고하다

  Temperatures in the coastal areas are anticipated to
  drop in the weeks -------.

  (A) upon   (B) ahead

22 **clearly**

- 분명히, 명확하게

기출 in a **clearly** visible way
분명히 보일 수 있는 방식으로

clearly state that
~라는 것을 명확하게 언급하다

Demand for Zola smartphones has ------- decreased since the design of the device was changed last year.

(A) exactly   (B) clearly

23 **initially**

- 처음에, 초기에

기출 **initially** be not familiar with the new program
처음에 새로운 프로그램에 익숙하지 않다

must **initially** pay all fees
초기에 모든 요금을 지불해야 하다

New workers at Southern Chicken are ------- provided with two work uniforms, but an additional one is available upon request.

(A) initially   (B) shortly

24 **specifically**

specify v. (구체적으로) 명시하다
specific a. 구체적인, 특정한

- 특히, 구체적으로

기출 **specifically** designed for
특히 ~을 위해 고안된

Specifically, your main duty is to manage the work crew.
구체적으로, 귀하의 주 직무는 작업반을 관리하는 것입니다.

The grand opening of Funland Toystore was scheduled ------- to take place on the first day of the school holidays.

(A) specifically   (B) relatively

25 consistently
일관성 있게, 지속적으로

consistent a. 일관성 있는

기출 be promoted for one's **consistently** outstanding contributions
일관성 있게 뛰어난 기여로 승진되다

be **consistently** late in shipping the order
지속적으로 주문건을 배송하는 데 늦다

Ms. Grainger was recognized at the annual awards ceremony for her ------- outstanding sales performance.
(A) consistently   (B) potentially

26 intentionally
의도적으로, 고의로

intend v. 의도하다
intention n. 의도, 고의
intentional a. 의도적인, 고의적인

기출 be **intentionally** designed for
의도적으로 ~을 위해 고안되다

intentionally make the battery run out
고의로 배터리를 닳게 만들다

The display of new winter jackets has been ------- assembled near the entrance to attract customer interest.
(A) intentionally   (B) extremely

27 briefly
간단히, 잠깐

brief a. 간결한, 잠시의

기출 **briefly** review the agenda
안건을 간단히 검토하다

be **briefly** delayed due to a minor problem
사소한 문제로 인해 잠깐 지연되다

The director spoke to the audience only ------- before leaving the film premiere.
(A) briefly   (B) correctly

28 **probably**

- 아마도

  기출 **probably** due to a system malfunction
  아마도 시스템 장애로 인해

  will **probably** take at least five business days
  아마도 적어도 영업일 5일이 걸릴 것이다

  Property market experts believe that house prices will
  ------- rise significantly over the next five years.

  (A) previously　　　　(B) probably

29 **slightly**

slight a. 약간의

- 약간

  기출 rise **slightly** again
  다시 약간 상승하다

  The CEO has suggested using a ------- cheaper
  packaging material in order to reduce expenses.

  (A) slightly　　　　(B) highly

30 **formerly**

former a. 이전의, 전직 ~인

- ~ 출신인, 이전에는

  기출 **formerly** a graphic artist
  그래픽 예술가 출신인

  be **formerly** a residential area
  이전에는 주택가였다

  Edward Johnson, ------- the president of Jacoby
  Corporation, has announced the launch of his new
  technology company.

  (A) formerly　　　　(B) frequently

25

31 alternatively

● 그렇지 않으면, 대신

기출 You may use the free shuttle service from the hotel. **Alternatively**, you can take a taxi.
귀하께서는 호텔에서 무료 셔틀 서비스를 이용하실 수 있습니다. 그렇지 않으면, 택시를 이용하셔도 됩니다.

Please print out your train ticket and present it to an agent at the station. -------, you may show an electronic version.

(A) Consequently   (B) Alternatively

만점 TIP
주로 Part 6에서 대안을 이끄는 접속부사로 출제된다.

32 primarily

primary a. 주요한

● 주로

기출 be **primarily** responsible for quality control
주로 품질 관리를 맡고 있다

work **primarily** on
주로 ~에 대한 일을 하다

Since the company was founded last month, Vornicon Inc. has received many orders, ------- from firms based in South Korea.

(A) primarily   (B) closely

33 cautiously

caution n. 조심, 주의
cautious a. 조심스러운, 신중한

● 조심스럽게, 신중히

기출 as **cautiously** as possible
가능한 한 조심스럽게

cautiously predict a merger between
~ 간의 합병을 신중히 예측하다

Hikers are advised to ------- walk along the ridge trail, which has steep cliffs on either side.

(A) cautiously   (B) tightly

34 **ideally**

ideal a. 이상적인

● 이상적으로

기출 will **ideally** be completed by next Friday
다음 주 금요일까지 완료되면 이상적일 것이다

Mr. Harmon will ------- hire at least ten new sales representatives to help the company deal with the increased demand in manpower.

(A) ideally   (B) relatively

35 **skillfully**

● 능숙하게

기출 how **skillfully** he designed the clothing line
그가 의류 제품군을 얼마나 능숙하게 디자인하는지

Greta Moffat is known for ------- crafting handmade furniture from recycled wood.

(A) likely   (B) skillfully

36 **perfectly**

perfect a. 완벽한
perfection n. 완벽

● 완벽하게

기출 be **perfectly** suited for ~에 완벽하게 어울리다

The new car manufactured by Mazdar Motors is ------- suited for medium-sized families who enjoy going on long road trips.

(A) gradually   (B) perfectly

37 **simply**

simple a. 간단한

● 그저, 간단히

기출 **simply** highlight the item
그저 그 제품을 강조하다

simply arrange the flowers
간단히 꽃들을 배치하다

To assemble your new Fitmaster treadmill, ------- follow the instructions in the user manual.

(A) simply   (B) mostly

38 particularly

particular a. 특정한

● 특히

기출 a **particularly** busy day
특히 바쁜 날

even in **particularly** stressful situations
심지어 특히 스트레스가 심한 상황에서도

Gilman Department Store will remain open until
10 PM on December 24 as this is usually a ------- busy
shopping day.

(A) particularly　　　(B) readily

39 precisely

precise a. 정확한
precision n. 정확

● 정확히

기출 **precisely** to ensure stability of
~의 안정성을 정확히 보장하기 위해

The opening ceremony of the sports competition will
begin at ------- 7 PM this Friday.

(A) precisely　　　(B) definitely

40 likewise

● 마찬가지로

기출 As his predecessor did, the new CEO
likewise places top priority on finding a
reliable alternative energy source.
전임자가 그랬듯이, 신임 대표이사도 마찬가지로 신뢰할 만한 대
체 에너지원을 찾는 것을 최우선 과제로 삼고 있다.

As with our main branch in Los Angeles, our new
clothing store in San Francisco ------- customizes
garments at the request of customers.

(A) likewise　　　(B) meanwhile

만점 TIP
· 주로 Part 6에서 앞의 내용과 유사한 내용을 이끄는 접속부사로 출제된다.

DAILY QUIZ

단어와 그에 알맞은 뜻을 연결해 보세요.

1 otherwise •   • (A) 처음에, 초기에

2 initially •   • (B) 이미, 벌써

3 already •   • (C) 다르게, 그렇지 않으면

빈칸에 알맞은 단어를 선택하세요.

4 ------- predict a merger between
~ 간의 합병을 신중히 예측하다

5 be ------- understaffed
현재 인원이 부족하다

6 be expected to reopen -------
곧 다시 문을 열 것으로 예상되다

(A) shortly
(B) largely
(C) currently
(D) cautiously

앞서 배운 단어들의 뜻을 생각하면서, 다음 문제를 풀어보세요.

7 Ryzen Electronics ------- relocated to a new headquarters in downtown Los Angeles.

(A) severely   (B) usually

(C) recently   (D) exactly

8 Audiences responded positively to the test screening of *Galaxy One*, which means the movie will ------- require no further shots or edits.

(A) therefore   (B) often

(C) ever   (D) rather

1 exclusively

exclusive a. 독점적인

● 독점적으로

기출 deal almost **exclusively** with
거의 독점적으로 ~와 거래하다

be available **exclusively** on Channel 5
5번 채널에서 독점적으로 볼 수 있다

The upcoming seminar on artificial intelligence is
open ------- to members of the Feeney Technology
Institute.

(A) exclusively   (B) approximately

2 unfortunately

● 안타깝게도, 아쉽게도

기출 **Unfortunately**, the shipment is missing an
item.
안타깝게도, 배송에서 물품이 하나 빠져 있습니다.

-------, the museum's main exhibition hall will be
closed to visitors until March 1.

(A) Unfortunately   (B) Precisely

3 rarely

rare a. 드문, 희귀한

● 드물게

기출 **rarely** raise their price
드물게 가격을 인상하다

be **rarely** used by our employees
우리 직원들에 의해 드물게 사용되다

Mr. Edwards prefers to commute by bicycle and -------
uses public transportation or his own car.

(A) readily   (B) rarely

4 fully

full a. 완전한, 최대의

- 완전히, 최대로

기출 will be **fully** recyclable
완전히 재활용 가능할 것이다

The airline ticket is ------- refundable, provided a cancellation request is made at least two weeks prior to the departure date.

(A) initially   (B) fully

5 separately

separate a. 분리된, 별도의

- 따로, 별도로

기출 be sold **separately**
따로 판매되다

Due to the size of your purchased items, two packages will be delivered ------- to your address on March 5.

(A) suddenly   (B) separately

6 necessarily

- 반드시

기출 not **necessarily** imply endorsement from
반드시 ~의 지지를 의미하는 것은 아니다

not **necessarily** purchase it again
반드시 그것을 다시 구매해야 하는 것은 아니다

Comments posted by users on our online forum do not ------- reflect the views of our organization.

(A) necessarily   (B) importantly

7 correctly

correct a. 정확한

- 정확하게

기출 **correctly** record the delivery address
배송 주소를 정확하게 기록하다

Please get in touch with the real estate agent to check that we ------- listed the asking price for the property.

(A) frequently   (B) correctly

Day 03

Part 5, 6 부사 ②

8 heavily

● 대단히, 심하게, 아주 많이

기출 have invested **heavily** in
~에 대단히 투자해왔다

be **heavily** influenced by
~에 의해 심하게 영향받다

be **heavily** discounted until
~할 때까지 아주 많이 할인하다

Travel to the Muskoka region is not advised because it is expected to snow ------- for the next few days.

(A) heavily   (B) shortly

9 mutually

mutual a. 상호의

● 상호, 서로

기출 **mutually** beneficial relationship
상호 이로운 관계

develop **mutually** productive interactions
서로 생산적인 상호작용을 발전시키다

The business arrangement between Seema Health Foods and Flow Shipping will be ------- beneficial.

(A) mutually   (B) wishfully

10 fairly

fair a. 공정한

● 상당히, 꽤, 공정하게

기출 win the election **fairly** easily
상당히 쉽게 선거를 이기다

Sales of the Ryzen 4 smartphone have remained ------- steady despite numerous reports of battery issues.

(A) fairly   (B) roughly

11 eventually

eventual a. 궁극적인

● 마침내, 결국

기출 will be **eventually** promoted
마침내 승진될 것이다

eventually earn a degree in
결국 ~에서의 학위를 받다

Provided that Mario Pizza's monthly revenue continues to rise, the business will ------- become profitable.

(A) already   (B) eventually

12 unusually

unusual a. 드문

● 대단히, 드물게

기출 identify an **unusually** large money withdrawal
대단히 큰 돈의 인출을 확인하다

unusually cold weather
드물게 추운 날씨

Due to the ------- high temperatures this summer, the company has installed air conditioning in its offices.

(A) unusually   (B) easily

13 unexpectedly

unexpected a. 예기치 않은, 뜻밖의

● 예기치 않게, 뜻밖에

기출 **unexpectedly** announce that
~라는 것을 예기치 않게 발표하다

cause schedules to change **unexpectedly**
뜻밖에 일정을 변경하도록 하다

The train to Manchester was ------- delayed due to a mechanical fault.

(A) unexpectedly   (B) attentively

14 alike

- 똑같이, 모두

기출 adults and children alike
성인과 어린이 똑같이

older and newer models alike
오래된 모델과 새로운 모델들 모두

The Palm Springs resort has an extensive range of amenities, making it the perfect choice for families and solo travelers -------.

(A) only   (B) alike

15 altogether

- 완전히, 한꺼번에

기출 eliminate the rules altogether
규정들을 완전히 없애다

The owner of Belmont Bistro has decided to remove the squid dish ------- after receiving feedback from numerous dissatisfied customers.

(A) altogether   (B) beyond

16 routinely

routine a. 정기적인, 일상적인

- 정기적으로, 일상적으로

기출 routinely give hotel recommendations
정기적으로 호텔 추천 정보를 주다

be cleaned routinely
정기적으로 청소되다

All communal areas in the apartment building are ------- cleaned by a skilled maintenance team twice per day.

(A) routinely   (B) vastly

17 **additionally**

addition n. 추가
additional a. 추가적인

● 추가적으로, 게다가

[기출] Passengers should present their tickets at the counter. **Additionally**, they must show their identification at security.
탑승객들은 카운터에서 티켓을 제시해야 합니다. 추가적으로, 보안검색대에서 신분증을 보여주셔야 합니다.

Sign up for a membership to receive a 5 percent discount on all purchases. -------, becoming a member grants you free shipping on online orders.

(A) Additionally   (B) However

18 **subsequently**

subsequent a. 다음의

● 그 후에, 그 다음에

[기출] **subsequently** gain a share of the market
그 후에 시장의 점유권을 얻다

be **subsequently** implemented by
그 다음에 ~에 의해 시행되다

Ms. Vardy impressed the board members during her interview and was ------- offered the position of CFO.

(A) highly   (B) subsequently

19 **customarily**

● 관례상

[기출] **customarily** visit the international offices
관례상 해외 지사들을 방문하다

customarily receive a 15 percent discount on
~에 대해서 관례상 15퍼센트 할인을 받다

Guests checking in to a deluxe suite at The Pecan Hotel ------- receive a bottle of sparkling wine and a bowl of fruit.

(A) customarily   (B) perfectly

20 **apparently**

apparent a. 명백한

● 명백하게

기출 be **apparently** interested in
명백하게 ~에 관심을 가지고 있다

Based on the feedback we have received, customers
------- like the new layout of our Web site.

(A) apparently　　　　　(B) briefly

만점 TIP
주로 Part 6에서 사실성을 강조하는 내용을 이끄는 접속부사로 사용된다.

21 **solely**

● 오로지, 단독으로

기출 advertise **solely** in print
오로지 인쇄물로만 광고하다

rely **solely** on
~에 단독으로 의존하다

Having very little experience in sales, Ms. Atkinson
relied ------- on her knowledge of the company's
product ranges to impress the interviewer.

(A) formally　　　　　(B) solely

22 **traditionally**

traditional a. 전통적인

● 전통적으로

기출 be **traditionally** given to
~에 전통적으로 수여되다

have **traditionally** alternated between
전통적으로 ~ 사이를 번갈아 가다

The annual Blueford Arts Festival is ------- held on the
last weekend of September.

(A) traditionally　　　　　(B) positively

23 adequately

adequate a. 적절한, 충분한

- 제대로, 충분히

기출 adequately address concerns
우려 사항들을 제대로 처리하다

The private dining room at Verona Restaurant will
------- meet our needs as the venue for the company
banquet.

(A) adequately   (B) succinctly

24 quietly

quiet a. 조용한

- 조용하게

기출 speak as quietly as possible
가능한 한 조용하게 말하다

If you wish to exit the auditorium during the seminar,
please do so as ------- as possible.

(A) quietly   (B) slightly

25 explicitly

explicit a. 명확한

- 명확하게

기출 Our warranty explicitly states that ~.
저희 보증서는 ~라고 명확하게 명시하고 있습니다.

be explicitly outlined
명확하게 개요로 설명되다

Our policy regarding returns and refunds is -------
detailed on our Web site.

(A) explicitly   (B) eventually

Day 03 | Part 5, 6 부사 ②

26 generally

● 일반적으로

기출 **generally** available year-round
일반적으로 1년 내내 구매 가능한

generally take one day to process
~을 처리하는 데 일반적으로 하루가 걸리다

All orders placed through our Web site are ------- delivered within 48 hours of purchase.
(A) generally　　　　(B) lightly

27 moderately

moderate a. 적당한

● 적당히, 어느 정도

기출 be **moderately** successful at first
처음에는 적당히 성공적이었다

have been only **moderately** successful in
~에 있어서 어느 정도 성공했을 뿐이다

Despite an extensive advertising campaign, the new game console has proven to be only ------- successful.
(A) moderately　　　　(B) evenly

28 provisionally

● 임시로, 조건부로

기출 be **provisionally** appointed to serve as
임시로 ~로 근무하도록 임명되다

provisionally accept the job offer
조건부로 일자리 제안을 수락하다

Simon Eggers has been ------- appointed as the leader of the new product development team.
(A) provisionally　　　　(B) comparably

29 equally

equal a. 똑같은, 동등한

● 똑같이, 동등하게

기출 be **equally** important to
~에게 똑같이 중요하다

be **equally** suitable for
동등하게 ~에 적합하다

Strong leadership and a skilled workforce are ------- necessary in order for a business to be successful.

(A) promptly   (B) equally

30 exactly

exact a. 정확한

● 정확히

기출 **exactly** what you are seeking
정확히 귀하께서 찾는 것

do not know **exactly** why
~한 이유를 정확히 알지 못하다

The new play currently showing at Garfield Theater runs for ------- two hours.

(A) exactly   (B) timely

31 especially

● 특히

기출 would be **especially** helpful in
~에서 특히 유용할 것이다

especially in the field of marketing
특히 마케팅 분야에서

Remote work is becoming increasingly common in several industries, ------- those focused on customer service and support.

(A) especially   (B) hardly

32 presently

present a. 현재의

● 현재

기출 be presently conducting a survey
현재 설문조사를 실시하고 있다

be presently accepting proposals for
현재 ~에 대한 제안을 받고 있다

A stage is ------- under construction in Davis Plaza in preparation for the city's annual festival.

(A) presently   (B) enormously

만점 TIP
주로 현재진행시제와 함께 출제된다.

33 definitely

definite a. 분명한

● 분명(히)

기출 will definitely reach their goal
분명히 목표를 달성할 것이다

be definitely the best part of the book
분명 그 책의 가장 좋았던 부분이다

After canceling some appointments in her schedule, Ms. Jones will ------- be able to attend the shareholder meeting.

(A) usually   (B) definitely

34 extremely

extreme a. 극도의

● 몹시, 극도로

기출 be extremely pleased to have won the award
수상하게 되어 몹시 기쁘다

Mr. Allenby is ------- pleased with the landscaping work carried out by Perfect Gardens.

(A) extremely   (B) remotely

35 **furthermore**

● 게다가, 또한

기출 Our financial specialists provide consulting services for small businesses. **Furthermore,** our online services provide flexibility for our customers.

저희 금융 전문가들은 소규모 기업체들에게 컨설팅 서비스를 제공합니다. 게다가, 저희의 온라인 서비스는 고객들에게 유연성을 제공하고 있습니다.

The new expressway provides a faster route between the airport and the downtown area. -------, it significantly reduces traffic congestion on local roads.

(A) Furthermore   (B) However

만점 TIP

• Part 6에서 앞에 제시된 것과 유사한 내용을 추가하는 접속부사로 출제된다.

36 **completely**

complete a. 완전한
      v. 완성하다
completion n. 완성

● 완전히

기출 be **completely** free of charge
완전히 무료이다

be not **completely** reviewed until August
8월이 되어서야 완전히 검토되다

Beach towels are provided to all hotel guests ------- free of charge.

(A) completely   (B) occasionally

37 **soon**

● 곧, 조만간

기출 will be joining us **soon**
곧 입사할 것이다

be expected to meet **soon**
조만간 만날 것으로 예상되다

Please direct any questions about the revised policy to the HR manager who will be contacting you -------.

(A) yet   (B) soon

38 properly

proper a. 제대로 된, 올바른

● 제대로, 올바르게

기출 must be disposed of **properly**
반드시 제대로 폐기되어야 하다

be **properly** installed
올바르게 설치되다

Assuming the air conditioning unit is ------- maintained, it should function effectively for at least 25 years.

(A) properly   (B) originally

39 occasionally

occasional a. 가끔의, 때때로의

● 가끔, 때때로

기출 **occasionally** lower their price
가끔 가격을 내리다

occasionally enter into agreement with
때때로 ~와 합의를 이루다

The fourth floor conference room is normally used for important client meetings, although it is ------- used for staff orientations.

(A) marginally   (B) occasionally

40 markedly

marked a. 눈에 띄는, 현저한

● 눈에 띄게, 현저하게

기출 become **markedly** better
눈에 띄게 더 나아지다

markedly successful
현저하게 성공적인

Customers have complained that the color of our new sofa is ------- different compared with the images on our Web site.

(A) markedly   (B) chiefly

DAILY QUIZ

단어와 그에 알맞은 뜻을 연결해 보세요.

1   separately   •   • (A)   전통적으로

2   extremely   •   • (B)   따로, 별도로

3   traditionally   •   • (C)   몹시, 극도로

빈칸에 알맞은 단어를 선택하세요.

4   ------- visit the international offices
    관례상 해외 지사들을 방문하다

(A) correctly
(B) exclusively

5   ------- record the delivery address
    배송 주소를 정확하게 기록하다

(C) customarily
(D) necessarily

6   deal almost ------- with
    거의 독점적으로 ~와 거래하다

앞서 배운 단어들의 뜻을 생각하면서, 다음 문제를 풀어보세요.

7   The record company has collected the final recordings of the late singer and
    will ------- release them as a full album.

    (A) so   (B) well
    (C) recently   (D) soon

8   The end of several trade agreements in the Middle East may cause gas
    prices to rise ------- this year.

    (A) commonly   (B) unexpectedly
    (C) apparently   (D) nearly

정답   1 (B) 2 (C) 3 (A) 4 (C) 5 (A) 6 (B) 7 (D) 8 (B)

---

1 proudly feature · 자랑스럽게도 ~을 특별히 포함하다

기출 **proudly** unveil
자랑스럽게 ~을 공개하다

proudly carry
자랑스럽게 ~을 취급하다

The Seoul Music Festival will ------- feature many emerging singers this year.

(A) greatly   (B) proudly

---

2 be produced locally · 지역에서 생산되다

기출 buy vegetables **locally**
채소를 지역에서 구매하다

Mary's Bakery is proud to use fresh ingredients that are produced -------.

(A) originally   (B) locally

---

3 proceed directly to · ~로 곧장 가다

기출 send A **directly** to
A를 ~에게 곧장 전송하다

be shipped **directly** from our warehouse
우리 창고에서 곧장 발송되다

Once you arrive at the main gate of our building, please proceed ------- to the security desk.

(A) directly   (B) closely

4 respond promptly to

● ~에 즉시 반응하다

기출 register promptly
즉시 등록하다

be submitted promptly
즉시 제출되다

Customer care associates must respond ------- to all the concerns of customers and resolve any issues with care.

(A) generally   (B) promptly

5 previously unavailable

● 전에는 이용할 수 없었던

기출 previously offered to
전에는 ~에게 제공되었던

previously worked in
전에는 ~에서 일했던

Food delivery services by drones, ------- unavailable due to government regulations, are now gaining in popularity.

(A) previously   (B) currently

만점 TIP
· 부사 previously는 Part 6에서 접속부사로도 자주 출제된다.

6 travel quickly

● 빠르게 이동하다

기출 proceed quickly 빠르게 진행되다
quickly sell out 빠르게 매진되다
move quickly 빠르게 이동하다

Now that we have added more express lines, commuters can travel ------- to their destinations.

(A) quickly   (B) shortly

7 **carefully inspect** • 신중하게 검사하다

기출 examine A **carefully**
A를 신중하게 검사하다

carefully remove
신중하게 제거하다

We are proud of our zero defect policy in our factories, where employees ------- inspect all of our products.
(A) exactly   (B) carefully

8 **monitor closely** • 자세히 관찰하다

기출 **closely** read
자세히 읽다

work **closely** with
~와 긴밀하게 일하다

The performance of interns at the newspaper company is ------- monitored by its senior editorial staff.
(A) substantially   (B) closely

9 **rise considerably** • 상당히 상승하다

기출 vary **considerably** 상당히 다양하다

expand **considerably** 상당히 확장되다

Sales of Trine Automotive's new hybrid sedan have been ------- rising thanks to the car's high fuel efficiency.
(A) considerably   (B) deeply

만점 TIP
• 부사 considerably는 주로 증감이나 변화를 나타내는 동사들과 함께 쓰여 very처럼 수량이나 정도가 크다는 것을 나타낸다. 형용사를 수식할 때는 주로 비교급과 함께 쓰인다.

10 go smoothly

● 순조롭게 진행되다

기출 progress smoothly
순조롭게 진행되다

run smoothly
부드럽게 작동하다

Thanks to Ms. Chamberline's assistance, my transition to London went -------.

(A) personally   (B) smoothly

11 thoroughly investigate

● 철저하게 조사하다

기출 thoroughly examine
철저하게 검사하다

thoroughly wash
철저하게 세척하다

A team of government inspectors is ------- investigating all potential causes of the accident at the construction site.

(A) hopefully   (B) thoroughly

12 strongly encourage

● 강력하게 권고하다

기출 speak strongly
강력하게 말하다

strongly agree with
~에 전적으로 동의하다

Due to scheduled repair work, motorists are ------- encouraged to avoid the Campton Bridge this afternoon.

(A) closely   (B) strongly

Day 04 | Part 5, 6 동사+부사 콜로케이션

13 temporarily close

- 일시적으로 폐쇄하다

  기출 temporarily halt
  일시적으로 중단하다

  temporarily out of stock
  일시적으로 품절인

  temporarily unavailable
  일시적으로 이용할 수 없는

  Residents are reminded that Madison Park is ------- closed due to flooding since Friday.

  (A) temporarily   (B) potentially

14 rise dramatically

- 급격히 상승하다

  기출 increase dramatically
  급격히 증가하다

  dramatically affect
  상당한 영향을 미치다

  Sales of the Vision Pro VR device have ------- rose since the manufacturer released a well-received game.

  (A) accidentally   (B) dramatically

15 rapidly expand

- 빠르게 확장하다

  기출 rapidly grow 빠르게 성장하다

  progress rapidly 빠르게 진행되다

  rapidly approach 빠르게 접근하다

  Rayon Electronics announced that it doubled its revenue this year while ------- expanding into the Asian electric vehicle markets.

  (A) rapidly   (B) highly

16 be conveniently located

- 편리하게 위치해 있다

  기출 be **conveniently** situated in the city
  도시에 편리하게 위치해 있다

  be **conveniently** accessible by bus
  버스로 편리하게 접근 가능하다

  The venue for the upcoming convention is ------- located near the local airport, which is also close to your hotel.

  (A) regularly   (B) conveniently

17 significantly increase

- 상당히 증가시키다

  기출 **significantly** speed up
  상당히 속도를 높이다

  be **significantly** changed
  상당히 변경되다

  The new version of our accounting software would ------- increase our work efficiency and accuracy.

  (A) significantly   (B) proficiently

18 fasten tightly

- 단단하게 고정하다

  기출 fit **tightly**
  딱 맞다

  be screwed on **tightly**
  나사로 단단하게 고정되다

  press A **tightly**
  A를 힘껏 누르다

  When you replace the filter, please turn it clockwise until it is ------- fastened.

  (A) tightly   (B) steadily

19 be tentatively scheduled

- 임시로 일정이 잡히다

  기출 tentatively reschedule
  임시로 일정을 재조정하다

  The Annual Medical Technology Convention has been
  ------- scheduled for the first weekend of September.
  (A) tentatively   (B) punctually

  만점 TIP
  · 부사 tentatively는 temporarily와 바꿔 쓸 수 있다.

20 officially assume

- 공식적으로 (역할을) 맡다

  기출 officially begin
  공식적으로 시작하다

  officially open
  정식으로 개장하다

  Mr. Hill has ------- assumed the role of project manager
  and is in the process of selecting individuals to join
  his team.
  (A) officially   (B) extremely

21 be urgently needed

- 긴급히 필요하다

  기출 be urgently seeking
  긴급히 찾고 있다

  Now that the demand for our new SUV has doubled,
  overtime is ------- needed from our assembly line
  workers.
  (A) closely   (B) urgently

22 securely store

● 안전하게 보관하다

기출 be placed **securely**
안전한 곳에 놓아두다

be **securely** fastened
단단히 고정되다

attach A **securely** to B
A를 B에 확실히 부착하다

Customers must make sure that their belongings are
------- stored in the lockers we provide.

(A) securely　　　　　(B) severely

23 be formally announced

● 정식으로 발표되다

기출 be **formally** introduced
정식으로 소개되다

formally open
정식으로 개장하다

Ms. Hanning's promotion will be ------- announced at
a board meeting sometime next week.

(A) primarily　　　　　(B) formally

24 respond favorably

● 호의적으로 반응하다

기출 react **favorably** to
~에 호의적으로 반응하다

be viewed **favorably**
호평을 받다

Lions Telecommunication has always responded
------- to customer requests for improved services.

(A) probably　　　　　(B) favorably

25 regularly check • 정기적으로 확인하다

> 기출 **regularly** order 정기적으로 주문하다
> **regularly** participate in ~에 정기적으로 참가하다
> be **regularly** shipped 정기적으로 배송되다

All employees must ------- check their hard drives for viruses to ensure that important files are protected.

(A) regularly　　　　　(B) mainly

26 be known widely • 널리 알려지다

> 기출 be **widely** respected
> 널리 존경받다
> be **widely** recognized as
> ~로 널리 인정받다

Simcom Systems Inc. has been known ------- as the most innovative computer manufacturer for more than 30 years.

(A) widely　　　　　(B) smartly

27 process efficiently • 효율적으로 처리하다

> 기출 run a business **efficiently**
> 사업을 효율적으로 운영하다
> produce goods **efficiently**
> 상품을 효율적으로 생산하다
> track shipments **efficiently**
> 배송을 효율적으로 추적하다

Our improved e-commerce software will help your employees process customer orders more -------.

(A) efficiently　　　　　(B) knowingly

28 be strictly forbidden

- 엄격히 금지되다

  기출 be **strictly** prohibited 엄격히 금지되다

  be **strictly** followed 엄격히 준수되다

  be **strictly** controlled 엄격히 통제되다

  It is our policy that food and beverages are ------- forbidden in the Aberdeen Historical Museum.
  (A) strictly   (B) hastily

29 mistakenly believe

- 착각하다

  기출 **mistakenly** think
  잘못 생각하다

  mistakenly delete
  실수로 삭제하다

  Mr. Horton ------- believed that the order had already been processed.
  (A) mistakenly   (B) fortunately

30 enthusiastically applaud

- 열렬히 환호하다

  기출 **enthusiastically** welcome
  열렬히 환영하다

  enthusiastically approve
  흔쾌히 승인하다

  enthusiastically announce
  아주 기쁜 마음으로 발표하다

  The audience ------- applauded the White Lions at the end of the performance.
  (A) probably   (B) enthusiastically

31 actively seek

● 적극적으로 찾다

> 기출 **actively** promote 적극적으로 홍보하다
> be **actively** engaged in ~에 적극적으로 참여하다

Hondix Automotive is ------- seeking new methods for reducing energy consumption in its vehicles.
(A) actively   (B) lately

32 successfully complete

● 성공적으로 완료하다

> 기출 **successfully** manage
> 성공적으로 관리하다
>
> **successfully** negotiate
> 성공적으로 협상하다

Mr. Harrison ------- completed the long-term maintenance contract with Heritage Global Inc.
(A) directly   (B) successfully

33 effectively communicate

● 효과적으로 소통하다

> 기출 deal with **effectively**
> 효과적으로 처리하다
>
> **effectively** manage
> 효과적으로 관리하다
>
> **effectively** market
> 효과적으로 광고하다

Many entertainment companies use social networking services to ------- communicate with their potential customers.
(A) effectively   (B) formerly

34 substantially reduce

- 상당히 줄이다

기출 increase employee productivity **substantially**
직원 생산성을 상당히 향상시키다

substantially expand its coverage
보장범위를 상당히 확대하다

Our new sports beverage, PowerBottle, can help you ------- reduce your weight while keeping your energy levels high.

(A) unnecessarily   (B) substantially

35 be accidentally discovered

- 우연히 발견되다

기출 **accidentally** delete
우연히 삭제하다

An ancient residential site was ------- discovered during the construction of a sports stadium.

(A) urgently   (B) accidentally

36 politely ask for

- 정중하게 ~을 요청하다

기출 **politely** offer
정중하게 제안하다

speak **politely**
예의 바르게 말하다

Upon arriving at the hotel, Mr. Forster ------- asked for a larger room.

(A) politely   (B) regularly

37 rise sharply

- 급격히 상승하다

  기출 fall sharply 급격히 하락하다

  The recent hiring of temporary workers has had a positive impact on productivity, which is now rising -------.

  (A) sharply   (B) accurately

38 vote unanimously

- 만장일치로 투표하다

  기출 unanimously approve 만장일치로 승인하다

  The board members voted ------- to appoint Ms. Chadwick as the new Chief Operating Officer.

  (A) wishfully   (B) unanimously

39 be periodically updated

- 주기적으로 갱신되다

  기출 be adjusted periodically
  주기적으로 조정되다

  check the inventory periodically
  재고를 주기적으로 확인하다

  Please be reminded that during peak seasons, our room rates are ------- updated based on availability.

  (A) recently   (B) periodically

40 gradually expand

- 점진적으로 확장하다

  기출 replace A gradually 점진적으로 A를 교체하다

  gradually phase out 점차 단계적으로 폐지하다

  Rather than hiring twenty employees next month, the HR manager has suggested expanding the workforce ------- over the next six months.

  (A) potentially   (B) gradually

DAILY QUIZ

콜로케이션과 그에 알맞은 뜻을 연결해 보세요.

1   securely store   •   • (A)   상당히 상승하다

2   carefully inspect   •   • (B)   안전하게 보관하다

3   rise considerably   •   • (C)   신중하게 검사하다

빈칸에 알맞은 단어를 선택하세요.

4   buy vegetables -------
    채소를 지역에서 구매하다

5   ------- speed up
    상당히 속도를 높이다

6   ------- examine
    철저하게 검사하다

> (A) thoroughly
> (B) locally
> (C) significantly
> (D) formally

앞서 배운 콜로케이션들의 뜻을 생각하면서, 다음 문제를 풀어보세요.

7   Once you have arrived at Riceman Labs, proceed ------- to the security office
    and obtain an ID card.

    (A) regularly   (B) directly
    (C) closely   (D) firmly

8   Bikram Gas Ltd. board members voted ------- to reject the merger proposal
    put forward by Hyderabad Energy.

    (A) resourcefully   (B) unanimously
    (C) extremely   (D) commonly

1 call in sick

● 아파서 결근하다

> Can anyone come in to work this morning? We have a huge order to fill, and two employees scheduled for today have **called in sick**.
>
> 오늘 아침에 출근할 수 있는 사람이 있나요? 채워야 하는 주문량이 너무 많은데, 오늘 근무 예정인 직원 두 명이 아파서 결근을 했습니다.

2 publicize

● v. ~을 홍보하다

> The marketing team worked very hard to **publicize** the newly launched product and ensure it gains widespread attention in the market.
>
> 마케팅팀은 새로 출시된 제품을 홍보하고 그 제품이 시장에서 폭넓은 관심을 끌도록 하기 위해 열심히 노력했습니다.

만점 TIP
· 관련 기출
  public relations 홍보 (활동)

3 honor

● v. ~에게 영광을 베풀다, 수여하다
   n. 존경, 공경

> The company **honored** Ms. Rodriguez with a prize for her outstanding sales achievements during the annual reception.
>
> 회사는 매년 열리는 연회에서 로드리게즈 씨의 뛰어난 판매 성과에 대해 상을 수여했습니다.

만점 TIP
· 기출 Paraphrasing
  위 예문의 내용을 한 문장으로 She was given an award.(상을 받았다.)와 같이 표현할 수 있습니다.

⁴ **close a deal**

deal n. 거래, 계약

- 계약을 체결하다, 거래를 성사시키다

After months of negotiations, we successfully **closed a deal** with BJ Capital.

수개월 간의 협상 끝에 BJ 캐피탈 사와 성공적으로 계약을 체결하였습니다.

> **만점 TIP**
> · 관련 기출
> negotiate a deal 거래를 협상하다

⁵ **well-suited**

- a. 적합한, 잘 어울리는

Ms. Lane's strong communication skills and attention to detail make her **well-suited** for the role of project manager.

레인 씨의 훌륭한 의사소통 능력과 세부사항에 대한 주의는 그녀를 프로젝트 매니저의 역할에 적합하게 합니다.

⁶ **hiring decision**

- 채용 결정

In our company, **hiring decisions** require unanimous approval from the hiring committee.

우리 회사에서, 채용 결정을 하려면 채용 위원회의 만장일치 승인이 필요합니다.

⁷ **good fit**

- 적임자, 꼭 맞는 것

When making hiring decisions, we consider whether the candidate is a **good fit** for our long-term goals.

채용 결정을 할 때, 우리는 그 지원자가 우리의 장기적인 목표에 적임자인지를 고려합니다.

> **만점 TIP**
> · 기출 Paraphrasing
> good fit → perfect candidate (가장 훌륭한 후보)

8 work ethic

- 직업의식, 근면함

> Jane's strong **work ethic** is evident in her dedication to completing tasks ahead of schedule.
>
> 제인의 강한 직업의식은 예정보다 빨리 일을 완수하려는 그녀의 헌신에서 잘 드러납니다.

9 invaluable

- a. 귀중한, 매우 유용한

> The mentorship I received from my supervisor during my early career was **invaluable** in shaping my professional development.
>
> 경력 초기에 상사로부터 받은 멘토링은 저의 직업적 발전을 형성하는 데 매우 유용하였습니다.

10 be nominated

nominee n. 지명된 사람, 후보

- (수상) 후보자로 지명되다

> The CEO **has been nominated** for the Business Leader of the Year Award, recognizing her outstanding leadership qualities.
>
> 그 CEO는 올해의 비즈니스 리더 상 후보에 올랐는데, 이는 그녀의 뛰어난 리더십 자질을 인정하는 것입니다.

만점 TIP
- 관련 기출
  nominate A for B A를 B의 후보로 지명하다, 추천하다

11 probationary period

- 수습 기간, 시험 채용 기간

> The **probationary period** typically lasts for three months, during which employees receive training and feedback.
>
> 수습 기간은 일반적으로 3개월 동안 지속되며, 이 기간 동안 직원들은 교육과 피드백을 받습니다.

supervise

supervisor n. 감독관, 관리자

● v. ~을 관리 감독하다

The project manager will **supervise** the construction project, ensuring it stays on schedule and within budget.

프로젝트 관리자는 건설 프로젝트가 일정대로, 그리고 예산 내에서 유지되도록 감독할 것입니다.

만점 TIP

• 기출 Paraphrasing

  supervise → oversee (관리 감독하다)

13 **referral**

● n. 소개, 추천(서), 위탁

His **referral** letter from a previous employer praised his strong work ethic, boosting his chances of landing the job.

이전 고용주가 보낸 그의 추천서는 그의 강한 직업의식을 칭찬했고, 이것은 그의 취업 기회를 증진시켰습니다.

만점 TIP

• 서비스나 업체 등을 추천하는 것도 referral이라고 표현합니다.

14 **turnout**

● n. 참가자의 수, 참석률

The **turnout** at the charity event exceeded our expectations, with hundreds of people in attendance.

수백 명이 참석한 가운데 자선 행사의 참석률은 우리의 예상을 뛰어넘었습니다.

15 **outing**

● n. 야유회, 나들이

Everyone was looking forward to the annual company **outing**, which included a picnic and games at the park.

모두가 매년 열리는 회사 야유회를 고대하고 있었는데, 그것은 소풍과 공원에서의 게임을 포함합니다.

Day 05 | Part 7 독해가 쉬워지는 어휘 ③

16 **flexible**

flexibility n. 융통성

● a. 융통성 있는

Many companies are adopting **flexible** work arrangements, allowing employees to choose their hours and workplace location.

많은 기업들이 유연한 근무 방식을 채택하여 직원들이 근무 시간과 근무 장소를 선택할 수 있도록 하고 있습니다.

17 **duration**

● n. (지속되는) 기간

Visitors will be provided with temporary ID badges to wear throughout the **duration** of their visits to our factory.

방문객들에게는 공장 방문 기간 동안 착용할 임시 신분증 배지가 제공될 것입니다.

18 **time slot**

● 시간대

Attendees can sign up for their preferred **time slot** for the workshop on a first-come, first-served basis.

참가자들은 선착순으로 워크숍에 선호하는 시간대에 등록할 수 있습니다.

19 **fill up**

● 자리가 차다

The conference room quickly **filled up** with attendees eager to hear the keynote speaker.

회의실은 기조연설자의 말을 듣고 싶어 하는 참석자들로 순식간에 가득 찼습니다.

20 up front
- 선불로

I appreciate your services and am willing to pay you **up front** for the project to expedite the process.
귀하의 서비스에 감사드리며, 프로젝트 진행 속도를 높이기 위해 기꺼이 선불로 비용을 지불하겠습니다.

21 award-winning
- a. 상을 받은

The **award-winning** marketing campaign significantly boosted our brand's visibility and sales.
상을 받은 그 마케팅 캠페인은 우리 브랜드의 인지도와 매출을 크게 높였습니다.

22 praise
- v. ~을 칭찬하다
- n. 찬사, 칭찬

The CEO **praised** the marketing department for their innovative campaigns that led us to exceed our sales goals for the year.
CEO는 마케팅 부서의 혁신적인 캠페인으로 인해 올해 영업 목표를 초과 달성했다고 그 부서를 칭찬했습니다.

23 benefits
benefit n. 혜택
v. ~에게 이득이 되다
- n. 복리 후생

Once the probationary three months are completed, workers will be eligible for full employee **benefits**.
수습 3개월이 끝나면, 직원들은 모든 직원 복리 후생을 받을 자격을 갖추게 될 것입니다.

24 in-house

a. 사내의

We boast an **in-house** design team that excels in transforming ideas into visually compelling graphics.
저희는 아이디어를 시각적으로 매력적인 그래픽으로 바꾸는 일에 탁월한 사내 디자인 팀을 보유하고 있습니다.

25 take on
take over

떠맡다, 인계받다

Despite her busy schedule, she **took on** more responsibilities at work to prove her dedication.
바쁜 스케줄에도 불구하고, 그녀는 자신의 헌신을 증명하기 위해 직장에서 더 많은 책임을 맡았습니다.

만점 TIP
• 기출 Paraphrasing
take on[over] → assume (떠맡다), accept (받아들이다)

26 qualifications

qualified a. 자격을 갖춘

n. 자격 요건

After considering the candidates' work experience and **qualifications**, the directors recommended Ms. Wong for the position.
지원자들의 근무 경력과 자격 요건을 고려한 후에, 이사들은 웡 씨를 그 직책에 추천했습니다.

27 possess

possession n. 소유

v. ~을 갖추다

Applicants for the position of communications officer must **possess** a master's degree in marketing or a related field.
커뮤니케이션 책임자의 직책에 지원하는 사람들은 마케팅 또는 관련 분야에서 석사 학위를 소지해야 합니다.

28 compensation package

- (급여와 복리후생을 포함한) 총 보수

The company's generous **compensation package** includes health insurance, retirement plans, and paid time off.

회사의 후한 총 보수에는 건강 보험, 퇴직금 제도, 그리고 유급 휴가가 포함되어 있습니다.

만점 TIP
- 관련 기출

perks n. (급료 이외의) 특전

29 responsibilities [duties/tasks] include

- 업무에는 ~이 포함된다

As the project manager, your **responsibilities include** overseeing the project timeline, coordinating team efforts, and ensuring that project objectives are met.

프로젝트 관리자로서, 여러분의 업무에는 프로젝트 일정을 감독하고, 팀 작업을 조정하며, 프로젝트 목표가 달성되도록 하는 것이 포함됩니다.

30 credentials

- n. 자격 인증서, 자격증

Based on your **credentials**, it's clear that you are highly qualified for the job.

귀하의 자격 인증서들을 볼 때, 귀하는 그 일에 매우 적합한 사람임이 분명합니다.

만점 TIP
- 관련 기출

credit n. 인정, 칭찬

31 **familiarize**

familiar a. 익숙한, 친숙한

● v. ~에 익숙하게 하다

New employees should **familiarize** themselves with the workplace safety guidelines before starting their job.

신입 사원들은 업무를 시작하기 전에 작업장 안전 지침을 숙지해야 합니다.

32 **assure A that절**

● A에게 ~라는 확신을 주다

The CEO **assured the employees that** the company's merger would benefit them eventually.

그 CEO는 회사의 합병이 결국 그들에게 이익이 될 것이라고 직원들에게 확신을 주었습니다.

> **만점 TIP**
> · 관련 기출
> Rest assured, + 내용 ~라는 점에 대해 안심하셔도 됩니다.
> reassure ~을 안심시키다

33 **morale**

● n. 사기, 의욕

In order to boost employee **morale**, the company offered performance-based bonuses.

직원들의 사기를 진작시키기 위해, 회사는 성과 기반 보너스를 제의했습니다.

34 seasoned

- a. 경험 많은, 숙련된

  After years of experience in the industry, he was considered a **seasoned** professional in his field.

  업계에서의 수년간의 경험 후에, 그는 그의 분야에서 숙련된 전문가로 여겨졌습니다.

35 deserve

- v. ~을 받을 만하다, 누릴 자격이 있다

  After years of hard work and dedication, Ms. Perry rightfully **deserves** the promotion.

  수년간의 노력과 헌신 끝에, 페리 씨는 당연히 승진할 자격이 있습니다.

  만점 TIP
  · 관련 기출
  well-deserved 충분한 자격이 있는

36 accept

acceptable a. 받아들일 수 있는

- v. ~을 받아들이다, 수락하다

  After careful consideration, I have decided to **accept** the position as the marketing manager at this company.

  심사숙고 끝에, 이 회사의 마케팅 매니저 자리를 수락하기로 했습니다.

37 indicate

- v. ~을 나타내다

  Please sign and return the attached document **indicating** your willingness to accept the position as sales associate.

  판매원직 수락 의사를 나타내는 첨부 서류에 서명 후 반송해 주시기 바랍니다.

38 **applaud**

applause n. 박수(갈채)

● v. 박수치다, ~에게 박수를 보내다

> The manager **applauded** the entire department
> for their dedication and hard work in meeting the
> quarterly sales targets.
>
> 관리자는 분기별 매출 목표 달성을 위해 헌신하고 열심히 일한 부서 전
> 체에게 박수를 보냈습니다.

39 **reward**

rewarding a. 보람 있는, 수익이
나는

● v. ~에게 보상하다, 사례하다

n. 보상, 사례

> In recognition of its huge success in the past year,
> the company will **reward** employees with a generous
> bonus and a paid vacation.
>
> 작년의 큰 성공을 인정하여, 회사는 직원들에게 후한 보너스와 유급 휴
> 가로 보상할 것입니다.

만점 TIP

• 관련 기출

  reward A with B A에게 B로 보상하다

  reward A for B A에게 B한 것에 대해 보상하다

40 **constraint**

● n. 제약

> Due to budget **constraints**, there is a restriction on
> hiring new employees this year.
>
> 예산상의 제약 때문에, 올해는 신입 직원들을 채용하는 데 제약이 있습
> 니다.

만점 TIP

• 기출 Paraphrasing

  constraint → restriction (제한), limit (한계, 제한)

DAILY QUIZ

단어와 그에 알맞은 뜻을 연결해 보세요.

1 benefits •   • (A) 제약

2 constraint •   • (B) 사기, 의욕

3 morale •   • (C) 소개, 추천(서)

4 referral •   • (D) 복리후생

빈칸에 알맞은 단어를 선택하세요.

5 Mark's outstanding performance has earned him a promotion, and he has ------- a new position at the head office.

마크는 탁월한 성과로 승진하여 본사의 새로운 직책을 수락했습니다.

> (A) indicate
> (B) accepted
> (C) familiarize
> (D) deserved

6 The marketing team ------- the credit for the recent successful product launch, showcasing their innovative strategies.

마케팅팀은 혁신적인 전략을 선보인 최근의 성공적인 제품 출시에 대해 인정을 받을 만 했습니다.

7 On your first day, please ------- yourself with your workspace and computer system to ensure a smooth transition into your new role.

첫날에는, 새로운 역할로 원활하게 전환할 수 있도록 작업 공간과 컴퓨터 시스템을 숙지하시기 바랍니다.

8 Please ------- your food preferences to assist us in arranging a menu that accommodates all types of diets.

저희가 모든 유형의 식단을 충족하는 메뉴를 마련하는 데 도움이 되도록 선호하는 음식들을 알려주십시오.

정답 1 (D) 2 (A) 3 (B) 4 (C) 5 (B) 6 (D) 7 (C) 8 (A)

MP3 바로듣기   강의 바로보기

LISTENING

• Part 3

1. What are the speakers discussing?

(A) Developing a marketing initiative
(B) Improving some workstations
(C) Reviewing hiring policies
(D) Organizing a workshop

2. What was the woman planning to do?

(A) Schedule a property viewing
(B) Distribute an employee survey
(C) Restock some office supplies
(D) Collect some measurements

3. What does the man request from the woman?

(A) A summary of feedback
(B) A link to a website
(C) A set of instructions
(D) A payment receipt

• Part 4

4. What problem does the speaker mention?

(A) She forgot to make a reservation.
(B) She cannot access a file.
(C) Some documents were misplaced.
(D) A website shows incorrect information.

5. What will the listeners most likely do tonight?

(A) Attend a training session
(B) Reserve a restaurant
(C) Work extra hours
(D) Review a document

6. Why will the speaker contact an expert?

(A) To have some machines inspected
(B) To complain about a schedule
(C) To discuss an overseas venture
(D) To make a process simpler

READING

• Part 5

7. The building site supervisor is delighted that the installation of security lighting is ------ complete.

   (A) yet
   (B) nearby
   (C) rarely
   (D) almost

8. The factory owner stated that meeting production targets ------ was the key to running a successful manufacturing company.

   (A) consistently
   (B) durably
   (C) politely
   (D) largely

9. Ms. Song will speak ------ with each department manager to ensure that they are aware of the new lunch break policy.

   (A) newly
   (B) totally
   (C) briefly
   (D) exactly

10. Sprint Sports Beverages has invested ------ in online advertising to reach new customers across the world.

    (A) randomly
    (B) instantly
    (C) roughly
    (D) heavily

11. The eco-friendly packaging has been ------ beneficial as it has helped us reach a wider range of consumers.

    (A) permissibly
    (B) lastly
    (C) diligently
    (D) markedly

12. To ensure the accuracy of our findings, the survey questions should remain ------ the same during the course of the month-long study.

    (A) expertly
    (B) helpfully
    (C) mutually
    (D) exactly

13. While removing a fallen tree, the emergency services had to ------ close two lanes of Highway 40.

    (A) conveniently
    (B) temporarily
    (C) experimentally
    (D) sufficiently

14. Local residents are delighted that Alloway Town Library is ------ expanding its collection of books.

    (A) strangely
    (B) equally
    (C) rapidly
    (D) hardly

• Part 6

Questions 15-18 refer to the following letter.

Dear Mr. Sanchez,

Thank you for your letter regarding your recent visit to our newly opened Mexican restaurant.

First, let me offer my sincere apologies that the appetizer was not to your liking. Most people who visit our establishment enjoy spicy food, but we understand that **15.** ------- do not. For that reason, we offer all menu selections in mild, medium, and hot versions. This is something your server should have told you when you placed your order.

I also understand that you are disappointed we do not offer free refills on soft drinks. However, we felt it will allow us to keep prices reasonable and minimize waste. **16.** -------, we offer filtered ice water at no cost. We would like another chance to make you one of our many satisfied customers. So, I **17.** ------- a gift certificate for two free meals with drinks and dessert, which is valid at any of our locations. **18.** -------.

Sincerely,
Penelope Lopez, Customer Relations Specialist

---

15. (A) any
(B) some
(C) all
(D) one

16. (A) Likewise
(B) Otherwise
(C) For example
(D) Instead

17. (A) had been enclosing
(B) have enclosed
(C) enclosing
(D) was enclosed

18. (A) I hope you will join us for dinner in the near future.
(B) I look forward to hearing about your recommendations.
(C) Thank you for staying with us during these difficult times.
(D) We would be pleased to do business with your company again.

• Part 7

Questions 19-20 refer to the following letter.

Dear sir/madam,

As requested, I am writing to you regarding Matthew Bright, who recently submitted an application for the vacant position at Nexico Corporation. I strongly believe Matthew would be well suited to the role and a good fit for your company.

Matthew worked in the human resources department at my company for four years. In addition to his good university qualifications and work credentials, he possessed many of the qualities that are essential in an HR role. After 18 months of probationary period, Matthew underwent in-house management training and then took on the role of assistant manager. His responsibilities included supervising a team of five workers. After only two years in his management role, Matthew was nominated for, and won, our Manager of the Year award.

Lastly, I wish to praise the impressive work ethic Matthew displayed for the duration of his employment at my firm. I believe it would be a wise hiring decision to offer Matthew the role, and I am confident he would be an invaluable asset to your company.

19. What is the purpose of the letter?

(A) To inquire about an opening
(B) To arrange an interview
(C) To nominate an employee for an award
(D) To provide a job reference

20. What is true about Mr. Bright?

(A) He currently works at Nexico Corporation.
(B) He was recognized for his management ability.
(C) He has applied for several different job vacancies.
(D) He graduated from university 18 months ago.

Week **07**
정답 및 해설

Day 01 기출 패러프레이징 ②

DAILY QUIZ

1.

남: 안녕하세요, 캔디스 씨, 우리 공장의 손 비누 생산 수준이 지난주에 많이 증가해서 용기 공급이 벌써 부족해지고 있어요. 병을 더 주문해 주실 수 있나요?

여: 물론이죠, 그런데 어느 공급업체에 연락해야 하나요?

남: 지난번에 이용했던 공급업체를 이용합시다. 거기가 매우 효율적이었어요.

Q. 화자들은 어디에서 일하겠는가?
(A) 제조 시설에서
(B) 식료품점에서

어휘 production 생산 level 수준 hand soap 손 비누 factory 공장 increase 증가하다 supply 공급 dispenser (손잡이를 눌러 안에 든 것을 사용할 수 있는) 용기 bottle 병 get low 줄어들다 place an order for ~을 주문하다 supplier 공급업체(=provider) contact ~에게 연락하다 go with ~로 결정하다 efficient 효율적인 manufacturing facility 제조 시설 grocery store 식료품점

2.

남: 실례합니다만, 가장 가까운 지하철역까지 가는 길을 아십니까?

여: 물론이죠. 저기 은행 보이세요? 은행 방향으로 걷다가 교차로에서 좌회전하면 세 블록 정도 더 가서 세븐 씨즈 역이 나옵니다.

Q. 남자는 왜 여자에게 말을 거는가?
(A) 기차표를 예약하기 위해
(B) 길 안내를 요청하기 위해

어휘 how to get to ~로 가는 길 turn left 좌회전하다 intersection 교차로 be about three blocks further down 3블록 정도 더 가면 있다 reserve ~을 예약하다 ask for ~을 요청하다 directions 길 안내

3.

안녕하세요, 프랭클린 도서관에서 전화 드린 수민입니다. 귀하께서 연례 도서 리뷰 콘테스트의 우승자로 선정되셨음을 알려드리게 되어 기쁘게 생각합니다. 축하드립니다! 도서관 운영 시간 중에 도서관에 들러 주시면 지역 영화관에서 사용 가능한 상품권인 상품을 수령하실 수 있습니다.

Q. 화자는 청자가 무엇을 받을 것이라고 말하는가?
(A) 식당 쿠폰
(B) 영화관 상품권

어휘 be happy to do ~하게 되어 기쁘다 notify A that절 A에게 ~에 대해 알리다 winner 우승자 book review 도서 후기 contest 대회 Congratulations 축하합니다 pick up ~을 수령하다 prize 상품 gift certificate 상품권 valid 유효한 cinema 영화관 stop by ~에 들르다 hours of operation 운영 시간 movie theater 영화관 voucher 상품권

Day 02 부사 ①

표제어 문제 정답 및 해석

1. (A)	2. (A)	3. (B)	4. (A)	5. (A)
6. (A)	7. (A)	8. (B)	9. (A)	10. (A)
11. (A)	12. (B)	13. (A)	14. (B)	15. (B)
16. (A)	17. (A)	18. (B)	19. (A)	20. (A)
21. (B)	22. (B)	23. (A)	24. (A)	25. (A)
26. (A)	27. (A)	28. (B)	29. (A)	30. (A)
31. (B)	32. (A)	33. (A)	34. (A)	35. (B)
36. (A)	37. (A)	38. (B)	39. (A)	40. (A)

1. 그레이브 씨가 연차인 동안에, 주간 업무 일정은 존스 씨에 의해 대신 만들어질 것이다.
2. 제프리는 이미 월 매출 목표를 넘었다. 따라서 그는 보너스를 받게 될 것이다.
3. 필 씨는 모금 행사를 위한 장소를 예약했다. 그리고 나서 손님들에게 방송할 초대장을 만들었다.
4. 저희는 연말 전까지 유통망을 확장하는 것을 계획하고 있습니다. 현재, 우리는 디트로이트 지역 내에 기반을 둔 고객들에게만 배송하고 있습니다.
5. 우리 레스토랑의 이름의 변경에 관한 결정이 되면, 우리 메뉴들도 그에 맞춰 변경될 것이다.
6. 음악가 빌 메디슨의 노래들은 상을 받은 TV 시리즈에 특별히 포함된 후에 점점 더 인기 있어졌다.
7. 올해 뮤직 페스티벌에 있는 모든 참석자들은 안전하게 그리고 책임감 있게 행동하도록 상기시켜졌다.
8. 수석 건축가는 쇼핑몰 청사진에 더 많은 구조를 추가하는 것이 재정적으로 실현 불가능하다는 것을 내비쳤다.
9. 샌드윅 씨는 그의 이미 수익성이 있는 사업체에서 수입을 증가시킬 새로운 방법들을 찾았다.
10. 여행객들은 도시의 버스 투어에 합류함으로써 여러 관광지를 쉽게 방문할 수 있다.
11. 두 달의 협상 후에, 아처 건설 사는 새로운 국제공항을 건설할 계약을 마침내 따냈다.
12. 도시의 연례 영화 페스티벌의 지연은 주로 안전 점검에 실패한 제안된 행사 장소로 인한 것이었다.
13. 생산 효율성을 최대화하기 위해, 그 공장 관리인은 조립 라인에 있는 직원들을 계속해서 동기부여해야 한다.
14. 흠이 있는 보안 카메라들의 문제는 우리가 3층 엘리베이터를 수리한 직후에 주의를 기울일 것이다.
15. 우리의 새로운 롤러코스터의 추가 덕분에, 입장권 판매가 지난 여름과 비교하여 거의 3배가 되었다.
16. 베수비어스 소프트웨어 회사는 최근에 도시의 외곽에 있는 공업 단지로 이전했다.
17. 모든 공장 방문객들은 도착하는 즉시 안전 장비를 착용해야 한다.
18. 우리의 맛있는 소스들의 종류는 평범한 식사를 기억에 남을만한 식사 경험으로 다르게 바꿔줄 수 있다.
19. 그린웨이 슈퍼마켓에 있는 모든 선반들은 고객들이 필요한 물품들을 항상 찾을 수 있도록 확실히 하기 위해 자주 재고가 채워진다.
20. 게임 일정과 결과는 보통 그 야구팀의 웹 사이트에 게시된다.
21. 해안 지역의 기온은 몇 주 미리 떨어질 것으로 예상된다.
22. 졸라 스마트폰에 대한 수요는 기기의 디자인이 작년에 변경된 이후로 분명히 감소해왔다.
23. 서던 치킨에서의 신입직원들은 두 개의 근무복을 처음에 제공받지만, 추가의 근무복은 요청 시에 받을 수 있다.
24. 펀랜드 장난감 가게의 대개장은 구체적으로 학교 방학 첫 날에 열릴 것으로 일정이 잡혔다.
25. 그레인저 씨는 일관성 있게 뛰어난 영업 성과에 대해 연례 시상식에서 인정 받았다.
26. 새로운 겨울 자켓의 진열은 고객의 관심을 끌기 위해 입구에 가까운 곳에 의도적으로 정리되어 있다.
27. 그 감독은 영화 시사회를 떠나기 전에 아주 잠깐 관객들에게 말했다.
28. 부동산 시장 전문가들은 주택 가격이 아마도 다음 5년 동안 상당히 증가할 것이라고 생각한다.
29. 그 대표이사는 비용을 줄이기 위해 약간 더 저렴한 포장 재료를 사용하는 것을 제안했다.
30. 자코비 주식회사의 회장 출신인 에드워드 존슨 씨는 그의 새로운 기술 회사의 출시를 발표했다.
31. 귀하의 기차표를 인쇄하여 그것을 역에 있는 직원에게 제시해주십시오. 대신, 전자 티켓 버전을 보여주셔도 됩니다.
32. 지난달에 설립된 이래로, 볼니콘 사는 주로 한국에 기반을 둔 회사들로부터 많은 주문을 받고 있다.
33. 등산객들은 양쪽이 가파른 절벽인 산등성이 등산길을 따라 조심스럽게 걸을 것이 권고됩니다.
34. 하몬 씨는 회사가 인력에서의 증가된 수요에 대처하는 것을 돕기 위해 적어도 10명의 새로운 영업직원들을 이상적으로 고용할 것이다.
35. 그레타 모팻 씨는 재활용된 나무로 수제 가구를 능숙하게 만드는 것으로 유명하다.

36. 메즈다 자동차 회사에 의해 제조된 새로운 차는 긴 로드 트립을 가는 것을 즐기는 중규모의 가족들에게 완벽하게 적합하다.

37. 귀하의 새로운 핏마스터 러닝머신을 조립하기 위해서, 간단히 사용자 매뉴얼에 있는 설명서를 따르세요.

38. 길만 백화점은 12월 24일이 특히 바쁜 쇼핑날이기 때문에 오후 10시까지 문을 연 상태일 것이다.

39. 스포츠 경연대회의 개막식이 이번 주 금요일 오후 7시에 정확히 시작할 것이다.

40. 우리의 로스앤젤레스 주 지점과 같이, 샌프란시스코의 새로운 옷 매장은 마찬가지로 고객의 요청에 따라 옷을 주문 제작한다.

DAILY QUIZ

7.
해석 라이젠 전자는 최근에 새 본사를 로스앤젤러스 시내로 이전했다.

해설 빈칸에는 빈칸 뒤에 제시된 동사 relocated를 수식해 새 본사를 이전한 시점을 나타낼 수 있는 어휘가 와야 하므로 '최근(에)'를 뜻하는 (C)가 정답이다.

어휘 relocate to ~로 이전하다 severely 심각하게 recently 최근(에) exactly 정확히

8.
해석 관객들이 <갤럭시 원>의 시범 상영에 대해 긍정적으로 반응했는데, 이는 이 영화는 그에 맞춰 추가 촬영이나 편집이 필요하지 않다는 것을 의미한다.

해설 시범 상영에서 긍정적인 반응이 있었다는 것은 추가 촬영 또는 편집이 필요하지 않을 것이라는 결과를 가져오므로 빈칸에는 결과적으로 발생된 일과 관련된 의미의 어휘가 와야 한다. 따라서 '그에 맞춰, (상황에) 따라서' 등의 의미의 (A)가 정답이다.

어휘 audiences 관객, 청중 respond 반응하다, 응답하다 test screening 시범 상영(회) shot 촬영 edit 편집 therefore 그에 맞춰,

(상황에) 따라서 rather 다소, 오히려

Day 03 부사 ②

표제어 문제 정답 및 해석

1. (A)	2. (A)	3. (B)	4. (B)	5. (B)
6. (A)	7. (B)	8. (A)	9. (A)	10. (A)
11. (B)	12. (A)	13. (A)	14. (B)	15. (A)
16. (A)	17. (A)	18. (B)	19. (A)	20. (A)
21. (A)	22. (A)	23. (A)	24. (A)	25. (A)
26. (A)	27. (A)	28. (A)	29. (B)	30. (A)
31. (A)	32. (A)	33. (A)	34. (A)	35. (A)
36. (A)	37. (B)	38. (A)	39. (B)	40. (A)

1. 인공 지능에 대한 다가오는 세미나는 피니 기술 협회의 회원들에게 독점적으로 공개될 것이다.

2. 안타깝게도, 박물관의 주된 전시회장이 3월 1일까지 방문객들에게 폐쇄될 것이다.

3. 에드워드 씨는 자전거로 통근하는 것을 선호하며, 드물게 대중교통이나 자차를 사용한다.

4. 비행기표는 적어도 출발일의 2주 전에 취소 요청이 된다면 전액 환불될 수 있다.

5. 귀하의 구매품의 크기로 인해, 두 개의 포장 상자가 3월 5일에 귀하의 주소로 따로 배송될 것입니다.

6. 우리 온라인 포럼에 있는 사용자들에 의해 게시된 의견들이 반드시 우리 기관의 의견을 반영하는 것은 아니다.

7. 저희가 그 부동산에 대해 요청하는 가격을 정확하게 목록화했는지 확인하기 위해 부동산 중개인과 연락하십시오.

8. 머스코카 지역으로의 여행은 다음 며칠 동안 눈이 아주 많이 내릴 것으로 예상되고 있기 때문에 권고되지 않는다.

9. 시마 헬스 푸드와 플로우 선박 사이의 사업 계약은 서로 이익이 될 것이다.

10. 라이젠 4 스마트폰의 매출은 수많은 배터리 문제의 보고에도 불구하고 상당히 꾸준한 상태이다.

11. 마리오 피자의 월간 수입이 계속 증가한다면, 그 사업은 마침내 수익성이 있을 것이다.

12. 이번 여름 드물게 높은 기온 때문에, 그 회사는 자사의 사무실에 에어컨을 설치했다.

13. 맨체스터로 가는 기차가 기술적 결함으로 인해 예기치 않게 지연되었다.

14. 팜 스프링 리조트는 광범위한 종류의 편의시설을 가지고 있는데, 이는 가족들과 혼자 다니는 여행객들 모두를 위한 완벽한 선택으로 만들어 준다.

15. 벨몬트 비스트로의 소유주는 수많은 불만족하는 고객들의 피드백을 받은 후에 오징어 요리를 완전히 없애기로 결정했다.

16. 아파트 건물에서 모든 공동 구역은 하루에 2번 능숙한 유지보수팀에 의해 정기적으로 청소되고 있다.

17. 모든 구매에 대해 5퍼센트 할인을 받기 위해 회원권에 등록하세요. 추가적으로, 회원이 되시면 온라인 주문에 대한 무료 배송 혜택을 드립니다.

18. 바디 씨는 면접 동안에 이사회 임원들에게 깊은 인상을 주었고, 최고 재무 관리자 직책을 그 후에 제안받았다.

19. 피칸 호텔에서 디럭스 스위트 객실에 체크인하는 투숙객들은 스파클링 와인 1병과 과일 한 그릇을 관례상 받는다.

20. 우리가 받은 피드백에 기반하면, 고객들은 우리 웹 사이트의 새로운 레이아웃을 명백하게 좋아한다.

21. 영업에서의 경험이 거의 없기 때문에, 엣킨슨 씨는 면접관에게 깊은 인상을 남기기 위해 회사의 제품 종류에 대한 그녀의 지식에 오로지 의존했다.

22. 연례 블루포드 예술 축제는 9월의 마지막 주말에 전통적으로 개최된다.

23. 베로나 레스토랑에 있는 단독 식사 공간은 회사 연회 행사 장소로서의 우리의 요구를 충분히 충족할 것이다.

24. 세미나 중에 강당을 나가고 싶으시다면, 가능한 한 조용하게 나가십시오.

25. 반품과 환불에 관한 정책은 저희 웹 사이트에 명확하게 설명되어 있습니다.

26. 저희 웹 사이트를 통해 들어온 모든 주문들은 구매 48시간 이내에 일반적으로 배송된다.

27. 광범위한 광고 캠페인에도 불구하고, 새로운 게임기는 어느 정도 성공적이었다고 증명되었을 뿐이다.

28. 시몬 에거스 씨는 새로운 제품 개발팀의 리더로서 임시로 임명되었다.

29. 강력한 리더십과 능숙한 직원들은 사업이 성공하기 위해서 똑같이 필수적이다.

30. 가필드 극장에서 현재 상영되는 새로운 연극은 정확히 2시간 동안 진행된다.

31. 원격 재택 근무는 여러 산업군에서 점점 더 흔해지는 중인데, 특히 고객 서비스와 고객 지원에 초점을 맞춘 산업군에서 그렇다.

32. 무대가 도시의 연례 축제를 대비하기 위해 데이비스 플라자에서 현재 공사 중이다.

33. 일정에서 몇몇 약속을 취소한 후, 존스 씨는 주주총회에 분명 참석할 수 있을 것이다.

34. 엘렌비 씨는 퍼펙트 가든 사에 의해 수행된 조경 작업에 몹시 기뻐하고 있다.

35. 새로운 고속도로는 공항과 시내 지역 사이의 더 빠른 경로를 제공한다. 또한, 지역 도로에서 교통체증을 상당히 줄여준다.

36. 비치 타월이 모든 호텔 투숙객들에게 완전히 무료로 제공됩니다.

37. 개정된 정책에 대해 질문은 귀하께 곧 연락하게 될 인사부장에게 보내주시기 바랍니다.

38. 에어컨이 제대로 유지 보수되었다는 것을 가정하면, 그것은 적어도 25년 동안 효과적으로 작동해야 한다.

39. 4층 컨퍼런스 공간은 직원 오리엔테이션을 위해 가끔 사용되지만, 보통 중요한 고객 미팅을 위해 사용된다.

40. 고객들은 새로운 소파의 색상이 우리 웹 사이트에 있는 사진과 비교하여 눈에 띄게 다르다는 것에 불평해왔다.

DAILY QUIZ

7.

해석 음반회사에서 고인이 된 그 가수의 마지막 녹음 자료를 수집했으며, 곧 그것을 완전한 앨범의 형태로 출시할 것이다.

해설 빈칸에는 빈칸 뒤에 제시된 조동사 will과 동사 release 사이에 위치해 미래시제를 나타낼 수 있는 어휘가 와야 한다. 따라서 '곧, 조만간'이라는 뜻의 (D)가 정답이다.

어휘 recording 녹음(된 것) late 고인이 된 soon 곧, 조만간

8.

해석 중동에서의 여러 무역 계약의 종결은 올해 예기치 않게 연료비를 상승시키는 것을 야기할지도 모른다.

해설 빈칸에는 빈칸 앞에 제시된 동사 rise를 수식하여 연료비 상승의 폭의 나타낼 어휘가 필요하므로 '예기치 않게, 뜻밖에'라는 의미의 (B)가 정답이다.

어휘 agreement 계약, 합의 cause A to do A가 ~하도록 야기하다 unexpectedly 예기치 않게, 뜻밖에 apparently 명백하게, 분명하게

Day 04 동사 + 부사 콜로케이션

표제어 문제 정답 및 해석

1. (B)	2. (B)	3. (A)	4. (B)	5. (A)
6. (A)	7. (B)	8. (B)	9. (A)	10. (B)
11. (B)	12. (B)	13. (A)	14. (B)	15. (A)
16. (B)	17. (A)	18. (A)	19. (A)	20. (A)
21. (B)	22. (A)	23. (B)	24. (B)	25. (A)
26. (A)	27. (A)	28. (A)	29. (A)	30. (A)
31. (A)	32. (B)	33. (A)	34. (B)	35. (B)
36. (A)	37. (B)	38. (B)	39. (B)	40. (B)

1. 서울 뮤직 페스티벌은 자랑스럽게도 올해 많은 떠오르는 가수들을 특별히 포함할 것이다.

2. 메리 베이커리는 지역에서 생산된 신선한 재료들을 사용하는 것을 자랑스럽게 여깁니다.

3. 저희 건물 주 출입구에 도착하시자마자, 보안 데스크로 곧장 가십시오.

4. 고객 관리 직원들은 반드시 고객들의 모든 우려 사항에 즉시 반응해야 하며, 어떤 문제라도 관심을 가지고 해결해야 한다.

5. 정부 규제로 인해 전에는 이용할 수 없었던 드론을 사용한 음식 배달 서비스는 이제 인기를 얻고 있다.

6. 더 많은 급행 노선을 추가했으므로, 통근자들은 그들의 목적지까지 빠르게 이동할 수 있다.

7. 저희는 직원들이 저희의 모든 제품을 신중하게 검사하는 곳인 공장에서의 무결함 정책에 대해 자랑스럽게 여깁니다.

8. 신문사에서 인턴들의 성과는 선임 편집 직원들에 의해 자세히 관찰되고 있다.

9. 그 자동차의 높은 연비 덕분에 트라인 자동차 사의 신형 하이브리드 세단의 매출이 상당히 상승하고 있다.

10. 챔벌라인 씨의 도움 덕분에, 저의 런던으로의 전근은 매우 순조롭게 진행되었습니다.

11. 정부 조사단이 건설 현장에서 모든 잠재적 사고 원인들에 대해 철저하게 조사하고 있다.

12. 예정된 보수 작업으로 인해, 운전자들은 오늘 오후에 캠튼 다리를 피해가시는 것이 강력하게 권고됩니다.

13. 주민들께서는 메디슨 공원이 침수로 인해 금요일 이후로 일시적으로 폐쇄되었음에 유의하시기 바랍니다.

14. 제조사가 호평을 받은 게임을 출시한 이후로 비전 프로 VR 기기의 판매가 급격히 상승해왔다.

15. 레이온 전자는 아시아 전기 자동차 시장으로 빠르게 확장하면서 올해 자사의 수익이 두 배가 되었다는 것을 발표했다.

16. 다가오는 총회의 행사 장소는 지역 공항 근처에 편리하게 위치해 있으며, 또한 귀하의 호텔과도 가깝습니다.

17. 우리 회계 소프트웨어의 새로운 버전은 우리의 작업 효율성과 정확성을 상당히 증가시킬 것이다.

18. 필터를 교체할 때, 단단히 고정될 때까지 시계 방향으로 돌려주십시오.

19. 연례 의료 기술 총회가 9월 첫 주말에 임시로 일정이 잡혔다.

20. 힐 씨는 프로젝트 관리직을 공식적으로 맡게 되었고, 자신의 팀에 합류할 사람들을 선정하는 과정에 있다.

21. 우리의 새로운 SUV 차량의 수요가 두배가 되었으므로, 조립 라인 근로자들로부터의 초과근무가 긴급히 필요하다.

22. 고객 여러분은 개인 소지품이 저희가 제공하는 보관함에 안전하게 보관되도록 확실히 해주시기 바랍니다.

23. 해닝 씨의 승진은 다음 주 중에 이사회 회의에서 정식으로 발표될 것이다.

24. 라이언스 텔레커뮤니케이션은 개선된 서비스에 대한 고객 요청들에 대해 항상 호의적으로 반응해왔다.

25. 전 직원은 중요한 파일들이 보호되는 것을 확실히 하기 위해 그들의 하드 드라이브에 바이러스가 있는지 정기적으로 확인해야 한다.

26. 심콤 시스템 사는 30년 넘게 가장 혁신적인 컴퓨터 제조사로 널리 알려져 왔다.

27. 저희의 개선된 전자상거래 소프트웨어는 귀사의 직원들이 고객 주문을 더 효율적으로 처리하도록 도울 것입니다.

28. 애버딘 역사 박물관 안에서 음식이나 음료가 엄격히 금지되는 것이 저희 정책입니다.

29. 홀튼 씨는 주문이 이미 처리되었다고 착각했다.

30. 청중들은 공연 마지막에 화이트 라이언즈에게 열렬히 환호했다.

31. 혼딕스 자동차 사는 자사 차량의 에너지 소비량을 줄이기 위한 새로운 방법들을 적극적으로 찾고 있다.

32. 해리슨 씨는 헤리티지 글로벌 사와의 장기 유지보수 계약을 성공적으로 완료했다.

33. 많은 엔터테인먼트 회사들이 잠재 고객들과 효과적으로 소통하기 위해 사회관계망서비스들을 이용한다.

34. 우리의 새 스포츠 음료인 파워바틀은 여러분의 에너지 수준을 높게 유지하면서 체중을 상당히 줄이도록 도울 수 있습니다.

35. 고대의 주거 현장이 스포츠 경기장의 건축 동안에 우연히 발견되었다.

36. 호텔에 도착하자마자, 포스터 씨는 더 큰 객실을 정중하게 요청했다.

37. 최근의 임시 직원 채용이 생산성에 긍정적 영향을 주고 있으며, 생산성이 급격히 상승하고 있다.

38. 이사회 임원들은 채드윅 씨를 새로운 최고 운영 책임자로 임명하는 것에 대해 만장일치로 투표했다.

39. 성수기 동안 저희 객실 요금이 이용 가능성에 기반하여 주기적으로 갱신된다는 것에 유의하시기 바랍니다.

40. 다음 달에 20명의 직원을 고용하기보다는, 인사 부장은 다음 6개월 동안 인력을 점진적으로 확장하는 것을 제안했다.

DAILY QUIZ

7.

해석 일단 라이스맨 랩스에 도착하시면, 곧장 경비실로 가셔서 신분증을 받으시기 바랍니다.

해설 빈칸에는 빈칸 앞뒤에 제시된 동사 proceed
와 전치사 to 사이에 위치해 회사 도착 이후의
이동 방법과 관련된 어휘가 와야 한다. 따라서
proceed와 to와 함께 '~로 곧장 가다'를 뜻하
는 (B)가 정답이다.

어휘 once 일단 ~하면, ~하자마자 proceed
directly to ~로 곧장 가다 security office
경비실 firmly 굳게, 단호히

8.
해석 비크람 가스 유한회사의 이사진은 하이데라바드
에너지 사가 내놓은 합병 제안을 거절하는 것을
만장일치로 투표했다.

해설 빈칸에는 빈칸 앞에 위치한 동사 voted를 수
식해 이사진이 표결한 방식을 나타내야 하므로
vote와 함께 '만장일치로 투표하다'를 뜻하는
(B)가 정답이다.

어휘 vote unanimously 만장일치로 투표하다
reject ~을 거절하다, 거부하다 merger 합병
put forward (의견 등) ~을 내놓다, 제안하다
resourcefully 자원이 풍부하게

Week 07 실전 TEST

---

1. (B) **2.** (D) **3.** (B) **4.** (D) **5.** (C)

6. (D) **7.** (D) **8.** (A) **9.** (C) **10.** (D)

11. (D) **12.** (D) **13.** (B) **14.** (C) **15.** (B)

16. (D) **17.** (B) **18.** (A) **19.** (D) **20.** (B)

1-3.

W: Mark, did you talk to our supervisor
about replacing our team's desks yet?
1 It's about time we upgraded our
workspace.
M: I mentioned it to him, but he hasn't given
us approval yet.

W: I see. **2** I was going to measure and
gather the dimensions of our current
desks, but I'll hold off for now.
M: Yeah, our boss still needs some time to
approve the request. In the meantime,
let's research some furniture companies
to offer as options.
W: That sounds like a good idea. I know
one that's well known for selling eco-
friendly products.
M: Awesome! **3** Can you send me the link
to its website? I'll start compiling a list
of sellers.

여: 마크 씨, 혹시 우리 팀 책상들을 교체하는 일과 관련해
부장님과 이야기해 보셨나요? 우리 업무 공간을 업그
레이드해야 할 때가 되었어요.
남: 언급해 드리긴 했는데, 아직 승인해 주시지 않았어요.
여: 알겠어요. 현재의 책상들에 대한 치수를 측정해 취합
하려고 했는데, 지금으로서는 미뤄야겠네요.
남: 네, 부장님께서 그 요청을 승인하시는 데 여전히 시간
이 좀 필요하세요. 그 사이에, 선택 사항으로 제시할 몇
몇 가구 회사들을 조사해 봐요.
여: 좋은 생각인 것 같아요. 친환경 제품을 판매하는 것으
로 잘 알려진 곳을 한 군데 알아요.
남: 잘됐네요! 그 웹사이트 링크를 보내 주시겠어요? 제가
판매업체 목록을 작성하기 시작할게요.

어휘 supervisor 상사, 책임자 replace ~을
교체하다 It's about time + 과거동사 ~할
때가 되었다 approval 승인 measure ~을
측정하다, ~을 재다 gather ~을 취합하다, ~을
모으다 dimensions 치수, 크기 current
현재의 hold off 미루다 approve ~을
승인하다 request 요청 in the meantime
그 사이에, 그러는 동안 well known 잘 알려진
eco-friendly 친환경의 compile (자료 등을
모아) ~을 정리하다, ~을 편집하다

1. 화자들이 무엇을 이야기하고 있는가?
(A) 마케팅 계획을 발전시키는 일
(B) 일부 업무 공간을 개선하는 일
(C) 고용 정책을 검토하는 일

(D) 워크숍을 마련하는 일

어휘 initiative n. 계획 hiring 고용 policy 정책, 방침 organize ~을 마련하다, ~을 조직하다

Paraphrase upgraded our workspace → Improving some workstations

2. 여자는 무엇을 할 계획을 세우고 있었는가?
(A) 건물을 둘러보는 일정을 잡는 일
(B) 직원 설문 조사지를 배부하는 일
(C) 몇몇 사무용품을 보충하는 일
(D) 몇몇 치수 정보를 취합하는 일

어휘 property 건물, 부동산 viewing 둘러보기 distribute ~을 배부하다 survey 설문 조사(지) restock ~을 보충하다, ~을 다시 채우다 supplies 용품, 물품 collect ~을 취합하다, ~을 모으다

Paraphrase measure and gather the dimensions → Collect some measurements

3. 남자는 여자에게 무엇을 요청하는가?
(A) 의견 요약본
(B) 웹사이트 링크
(C) 일련의 지시 사항
(D) 지불 영수증

4-6.

I'm holding this meeting because we've received customer complaints about **4** how our hotel website sometimes displays inaccurate information about our seasonal discounts. It has been brought to my attention that there is a malfunction in the software program that we use, so **5** we may need to work overtime tonight to get it fixed as soon as possible. On a similar note, I want us to consult with a web design specialist to improve our reservations page. **6** We need to make sure that the booking process isn't too complicated.

제가 이 회의를 개최하는 이유는 어떻게 우리 호텔 웹 사이트가 때때로 계절 할인 서비스와 관련해 부정확 한 정보를 보이는 지와 관련해 고객 불만 사항을 접수 했기 때문입니다. 우리가 이용하는 소프트웨어 프로 그램에 오작동 문제가 있다는 사실에 주목하게 되었 기 때문에, 우리가 가능한 한 빨리 이를 바로잡기 위해 오늘밤 야근을 해야 할 수도 있습니다. 한 가지 비슷한 얘기를 하자면, 저는 우리 예약 페이지를 개선하기 위 해 웹 디자인 전문가와 상의하기를 원합니다. 우리는 반드시 예약 과정이 너무 복잡하지 않도록 해야 합니 다.

어휘 hold ~을 개최하다 complaint 불만, 불평 display ~을 보이다 inaccurate 부정확한 It has been brought to my attention that ~라는 사실에 주목하게 되었습니다 malfunction 오작동, 작동 불량 get A p.p. A를 ~되게 하다 fix ~을 바로잡다, ~을 고치다 on a similar note 한 가지 비슷한 얘기를 하자면 consult with ~와 상의하다 improve ~을 개선하다 make sure that 반드시 ~하도록 하다 process 과정 complicated 복잡한

4. 화자가 어떤 문제를 언급하는가?
(A) 예약하는 것을 잊었다.
(B) 파일에 접근할 수 없다.
(C) 일부 문서들이 분실되었다.
(D) 웹사이트가 부정확한 정보를 나타낸다.

어휘 access ~에 접근하다, ~을 이용하다 misplace ~을 분실하다, ~을 둔 곳을 잊다

Paraphrase displays inaccurate information → shows incorrect information

5. 청자들이 오늘밤 무엇을 할 것 같은가?
(A) 교육 시간에 참석하는 일
(B) 레스토랑을 예약하는 일
(C) 추가 근무를 하는 일
(D) 문서를 검토하는 일

어휘 extra 추가의, 별도의

Paraphrase work overtime → Work extra
hours

6. 화자는 왜 전문가에게 연락할 것인가?

(A) 일부 기계를 점검 받기 위해

(B) 일정에 대해 불만을 제기하기 위해

(C) 해외 사업을 논의하기 위해

(D) 과정을 더 단순하게 만들기 위해

어휘 **expert** 전문가 **have A p.p.** A를 ~되게 하다
inspect ~을 점검하다 **complain about**
~에 대해 불만을 제기하다 **overseas** 해외의
venture (모험적) 사업

Paraphrase make sure that the booking
process isn't too complicated
→ make a process simpler

7.

해석 건축 현장 감독관은 보안 등의 설치가 거의 완료
되어 기쁘다.

해설 빈칸에는 보안 등의 설치가 완료되는 정도를 나
타낼 수 어휘가 필요하므로 '거의' 등의 의미를
가진 (D)가 정답이다.

어휘 **supervisor** 감독관 **installation** 설치
security lighting 보안 등 **yet** 하지만
rarely 거의 ~않다 **almost** 거의

8.

해석 공장 소유주는 지속적으로 생산 목표를 충족하
는 것이 성공적인 제조 회사를 운영하는 데 있어
핵심이었다고 말했다.

해설 빈칸에는 생산 목표를 충족하는 방식을 나타낼
어휘가 필요한데, 성공적인 회사 운영과 관련되
어야 하므로 '지속적으로, 일관성 있게'라는 의미
의 (A)가 정답이다.

어휘 **state that** ~라고 말하다, 언급하다 **key
to** ~에 있어서의 핵심 **run** ~을 운영하다
consistently 지속적으로, 일관성 있게
durably 내구성 있게, 튼튼하게 **largely**
대체로, 주로

9.

해석 송 씨는 새로운 점심시간 정책을 알고 있는지 확
실히 하기 위해 각 부서장과 잠깐 이야기할 것이
다.

해설 빈칸에는 동사 speak을 수식해 송 씨가 각 부서
장들과 얘기하는 방식을 나타낼 어휘가 필요하
므로 '잠깐, 간략히'의 의미를 가진 (C)가 정답이
다.

어휘 **be aware of** ~을 알고 있다 **totally** 완전히,
전적으로 **briefly** 잠깐, 간략히

10.

해석 스프린트 스포츠 베버리지 사는 전 세계에 걸쳐
새로운 고객들에게 도달하기 위해 온라인 광고
에 아주 많이 투자해 왔다.

해설 빈칸에는 빈칸 앞에 위치한 동사 has invested
를 수식해 투자하는 행위에 대해 설명할 수 있어
야 하는데 의미상 '아주 많이 투자해 왔다'고 해
석하는 것이 자연스러우므로 '아주 많이, 심하게,
대단히'라는 뜻의 (D)가 정답이다.

어휘 **invest in** ~에 투자하다 **reach** ~에 도달하다,
다다르다 **randomly** 무작위로 **instantly**
즉시 **roughly** 대략, 약 **heavily** (아주) 많이,
심하게, 대단히

11.

해석 환경 친화적인 포장은 우리가 더 다양한 고객층
에게 도달하는 데 도움을 줌으로써 눈에 띄게 유
익했다.

해설 빈칸에는 빈칸 뒤에 제시된 형용사 beneficial
을 수식하면서 환경 친화적인 포장이 고객층에
게 도달하는 데 도움이 된 정도를 나타낼 수 있
는 어휘가 와야 하므로 '눈에 띄게, 현저하게'라
는 뜻의 (D)가 정답이다.

어휘 **beneficial** 유익한 **reach** ~에 도달하다
permissibly 허용되어 **diligently**
부지런하게 **markedly** 눈에 띄게, 현저하게

12.
해석 결과의 정확성을 보장하기 위해, 조사 질문들은 한 달의 연구 기간 동안 정확히 동일하게 유지되어야 한다.

해설 빈칸에는 빈칸 뒤에 제시된 the same을 수식해 조사 질문들의 유지되어야 하는 정도를 나타낼 수 있는 어휘가 필요하므로 '정확히'라는 뜻의 (D)가 정답이다.

어휘 accuracy 정확성 findings (연구) 결과 the same 동일한 expertly 능숙하게 mutually 상호 exactly 정확히

13.
해석 쓰러진 나무를 제거하는 동안, 긴급 구조대는 40번 고속도로의 2개 차선을 일시적으로 폐쇄해야 했다.

해설 빈칸에는 빈칸 뒤에 제시된 동사 close를 수식하여 보수공사 또는 비상사태 등의 이유로 항상 차량이 다녀야 하는 고속도로를 폐쇄하는 기간을 나타내야 하므로 close와 함께 '일시적으로 폐쇄하다'라는 의미의 (B)가 정답이다.

어휘 fallen 쓰러진 emergency services 긴급 구조대 temporarily close 일시적으로 폐쇄하다 experimentally 시험적으로 sufficiently 충분하게

14.
해석 지역 주민들은 알로웨이 마을 도서관이 빠르게 도서 모음을 빠르게 확장하고 있는 것에 기뻐하고 있다.

해설 빈칸에는 빈칸 뒤에 나와 있는 현재진행형 expanding을 수식해 도서관이 도서 수집을 확대하는 속도를 나타낼 수 있는 어휘가 필요하므로 is expanding과 함께 '빠르게 확장하다'라는 뜻의 (C)가 정답이다.

어휘 rapidly expand 빠르게 확장하다 hardly 거의 ~ 않다

15-18.

산체스 씨께,

새로 개장한 멕시코 식당에 귀하의 최근 방문에 관해 편지를 보내주셔서 감사합니다.

먼저, 에피타이저가 귀하의 취향에 맞지 않았던 점에 대해 진심 어린 사과를 드립니다. 저희 음식점을 방문하신 대부분 손님들은 매운 음식을 즐기지만, **15** 몇몇 분들은 아닐 수 있다는 점을 이해합니다. 그 이유로, 저희는 모든 메뉴에 순한 맛, 중간 맛, 매운 맛의 선택권을 제공하고 있습니다. 이는 귀하께서 주문을 할 때 귀하의 종업원이 말씀드렸어야 하는 것입니다.

또한, 저희가 탄산음료에 대해 무료 리필을 제공해드리지 않는다는 것에 실망하신 것도 이해합니다. 하지만, 저희는 그것이 저희로 하여금 가격을 합리적으로 유지하게 하고 낭비를 최소화할 것이라고 생각했습니다. **16** 그 대신, 저희는 정수된 얼음물을 무료로 제공하고 있습니다. 저희는 귀하를 저희에게 만족한 많은 손님들 중 한 분으로 만들기 위한 또 다른 기회를 원합니다. 그래서, 저희 지점 중 어느 곳에서나 유효한 음료와 디저트를 포함한 2인 무료 식사상품권을 편지에 **17** 동봉합니다. **18** 저희는 가까운 미래에 귀하께서 저희 음식점에서 저녁 식사를 하시길 바랍니다.

안녕히 계십시오.

페넬로페 로페즈, 고객관리 전문가

어휘 regarding ~ 관해 sincere 진심 어린, 진심의 to one's liking ~의 취향에 맞는 establishment 매장, 시설 selection 선택권 mild (맛이) 순한 server (식당의) 종업원 waste 낭비, 쓰레기 filtered 정수된 gift certificate 상품권

15.
해설 빈칸 앞에 '대부분의 사람들은 ~하다'라는 내용과, 상반접속사 but이 제시되어 있으므로 빈칸에는 Most people과 대조를 이루는 부분적인 표현이 와야 한다. 따라서 '대부분은 ~하지만, 몇몇은 아니다'라는 흐름이 적절하므로 '몇몇'을 나타내는 복수 부정대명사 (B)가 정답이다.

16.

해설 빈칸 앞에서는 '무료로 음료를 리필해주지 않는다'는 내용이 언급되어 있고, 빈칸 뒤에는 '정수된 얼음물은 무료로 제공한다'는 내용이 있으므로, 음료 대신 얼음물을 제공한다는 것을 알 수 있다. 따라서 '대신에'라는 의미의 (D)가 정답이다.

어휘 likewise 마찬가지로 otherwise 그렇지 않으면 for example 예를 들어 instead 대신(에)

17.

해설 빈칸 앞에 주어인 I가 있고, 빈칸 뒤에 명사 목적어가 있으므로 빈칸은 능동태 동사 자리이다. 또한, 산체스 씨가 편지를 읽기 전에 상품권을 동봉했으므로 현재완료시제 (B)가 정답이다.

18.

(A) 저희는 가까운 미래에 귀하와 귀하의 초대 손님이 저희 음식점에서 저녁 식사를 하시길 바랍니다.

(B) 저는 귀하의 추천에 대해 듣기를 기대합니다.

(C) 이런 어려운 시기에 저희와 머물러 주셔서 감사 드립니다.

(D) 저희가 귀사와 다시 거래를 하게 되면 기쁠 것입니다.

해설 빈칸 앞에 식사권을 동봉하였다는 내용이 언급되었으므로 빈칸에는 이 식사권에 관한 내용이 언급된 문장이 와야 한다. 따라서 '가까운 미래에 저녁 식사를 하길 기대한다'는 내용인 (A)가 정답이다.

어휘 in the near future 가까운 미래에

19-20.

> 관계자분께,
>
> **19** 요청에 따라, 최근에 넥시코 주식회사에 공석에 대한 지원서를 제출한 메튜 브라이트 씨에 관해 귀하께 편지를 씁니다. 저는 메튜 씨가 그 직무에 적합하고, 귀사에 적임자라고 굳게 믿고 있습니다.
>
> 메튜 씨는 제 회사에서 인사부에서 4년 동안 근무했습니다. 그의 훌륭한 학력 자격 요건과 직무 자격증 외에도, 그는 인사 직무에서 필수적인 많은 자질들을 갖추고 있었습니다. 18개월의 수습 기간 후에, 메튜 씨는 사내 관리 교육을 들었고, 그리고 나서 부관리자 직책을 맡았습니다. 그의 업무에는 5명의 직원들로 구성된 하나의 팀을 감독하는 것을 포함합니다. **20** 2년의 관리 직무 후에, 메튜 씨는 올해의 관리자 상에 지명되었고, 그리고 그 상을 수상했습니다.
>
> 마지막으로, 저는 메튜 씨가 저의 회사에서 그의 고용 기간 동안 보여준 인상 깊은 직업 윤리를 칭찬하고 싶습니다. 메튜 씨에게 그 직무를 제안하는 것이 현명한 고용 결정일 것이라 생각되며, 그가 귀사에 귀중한 자산이 될 것이라는 것에 확신합니다.

어휘 as requested 요청에 따라 regarding ~에 관해 strongly 굳게, 강력하게 well suited 적합한, 잘 어울리는 good fit 적임자, 꼭 맞는 것 qualification 자격 요건 credential 자격증 possess ~을 갖추다, 소유하다 probationary period 수습 기간 undergo ~을 받다, 겪다 in-house 내부의 take on ~을 맡다, 떠맡다 supervise ~을 감독하다 nominate ~을 지명하다 praise ~을 칭찬하다 work ethic 직업 윤리 duration 기간 wise 현명한 asset 자산

19. 편지의 목적은 무엇인가?

(A) 일자리 공석에 대해 문의하기 위해

(B) 면접을 준비하기 위해

(C) 상을 위해 직원을 지명하기 위해

(D) 일자리 추천서를 제공하기 위해

해설 지문 첫 문단에 요청에 따라 최근 넥시코 주식회사에 공석에 대한 지원서를 제출한 매튜 브라이트 씨에 관해 편지를 쓴다고 언급되어 있고, 브라이트 씨가 해당 직무와 귀사에 적임자일 것이라 생각한다는 내용이 있으므로 추천서 제공을 위해 편지를 썼음을 알 수 있다. 따라서 (D)가 정답이다.

20. 브라이트 씨에 대해 사실인 것은 무엇인가?

(A) 현재 넥시코 주식회사에서 일하고 있다.

(B) 관리 능력에 대해 인정받았다.

(C) 여러 다른 일자리 공석에 지원했다.

(D) 18개월 전에 대학을 졸업했다.

해설 두 번째 문단 마지막 문장에서 브라이트 씨가 관리 직무를 맡은지 2년 만에 올해의 관리자 상에 지명되었고, 수상했다는 내용이 있으므로 관리 능력을 인정받았다는 내용의 (B)가 정답이다.

어휘 **be recognized for** ~에 대해 인정받다

시원스쿨 **LAB**